The
12
OF SCOTLAND
ATHISLA
PRODUCE OF SCOT
ILLED & BOTTLED IN
ESTABLISHED 1840
YEARS
30
OLD
THE GLENROTHES
SINGLE SPEYSIDE MALT
1979

Schottischer Whisky

Schottischer Whisky

Text & Fotografien von
Daniel Lerner

KÖNEMANN

Umschlagfotos:
Robert M. Rothberg M.D. und
The Scotch Malt Whisky Society

Buchdesign und Koordination:
Jonette Jakobson

Originaltitel: Single Malt & Scotch Whisky

Übersetzung: Manfred Braun für GAIA Text, München
Redaktion und Satz: GAIA Text, München
Montage: Reproservice Werner Pees, Essen
Herstellungsleiter: Detlev Schaper
Druck und Bindung:
Dürer Nyomda, Gyula
Printed in Hungary

ISBN 3-8290-0417-6

10 9 8 7 6 5

Folgende Personen haben mit Rat und Tat zur Verwirklichung dieses Buches beigetragen:

James Salzano
Dennis Milbauer
Cheryl To
Chris Cannon
Pamela Horn
Jonette Jakobson
J.P. Leventhal
Justin Lukach
Herb Lapchin, Park Avenue Liquor Shop, New York
Carolyn Schaffer
Robert M. Rothberg, M.D.
Alan Shayne
The Scotch Malt Whisky Society
Matt Gross, John Gross and Company Importers
Steve Meyers und Jeff Pogash, Schieffelin & Somerset
Joel McCabe, Heublein
Anne Riives, Bowmore
Ed Perez, Stock Distillerie
Dick Claftin, Remy Amerique
Marvin Shadman, Barton Brands
Jennifer Crowl, Seagrams
Bob Kopach, Jim Beam Brands
Dan Dabblet, White Rock Distributors
Pat Dwayne, European Beverage Company
Chris McCrory, Sazerac
Tom DeLuca, Austin Nichols
Michael Shaw, Paramount Brands
Caitlin Connelly, Kratz & Co.
George Acevedo, Peerless Distributors

Besonderer Dank gebührt:
JUdson Grill
52 West 52nd Street
New York City

Inhalt

Der Glen fließt durch
die schottischen Highlands.

Einleitung

Stellen Sie sich die schottischen Highlands um 500 n. Chr. vor. Eine schroff-schöne Landschaft – hügelige Heide und torfige Anhöhen, reines Wasser fließt in Bächen, Felder mit goldgelber Gerste wiegen sich in der Sommerbrise. Eine Gruppe irischer Mönche kommt zu Besuch und bringt ein geheimes Verfahren mit. Vielleicht haben sie es selbst erfunden oder von ihren Reisen nach Indien oder Griechenland mitgebracht. »Alles, was ihr hier seht,« sagte einer der Mönche, »können wir in das Wasser des Lebens umwandeln.«

Das Verfahren zur Herstellung eines gegorenen Getränks mit niedrigem Alkoholgehalt war damals bereits bekannt. Aber welch ein Gebräu war das! Anders als heutiges Bier muß das Zeug, das die Schotten vor 1500 Jahren getrunken haben, wie mit Alkohol versetzter Haferbrei geschmeckt haben. Dann kam jemand und verwandelte dieses »Bier« in ein helles, reines Getränk mit viel Alkohol um: Wahrlich ein Wasser des Lebens.

Die Destillation: Kein banales Tröpfeln

Im Lateinischen bedeutet »distillare« tröpfeln oder herabtropfen. Alkohol siedet bei einer niedrigeren Temperatur als Wasser. Auf diesem einfachen Gesetz basieren alle Destillationsvorgänge. Heiße Dämpfe werden durch Rohre geleitet, die durch Eintauchen in Wasser gekühlt werden. Der Dampf kondensiert dabei zu einer kristallklaren Flüssigkeit. Dies ist nur die verkürzte Beschreibung des Verfahrens, die Herstellung von schottischem Whisky ist sehr viel zeitaufwendiger:

Malzböden sind heute selten. Aber in der Benriach Distillery wird die Gerste nach wie vor beim Keimen auf den Malzböden von Hand gewendet.

1. Die Gerste wird in reifem Zustand geerntet.

2. Sie wird einige Tage in heimischem Quellwasser eingeweicht

3. Anschließend breitet man die gequollene Gerste auf einer großen, ebenen Fläche aus. Der Speicher einer Scheune eignet sich hierzu gut. Während der nächsten acht bis zehn Tage wendet man die Gerste täglich mit einer großen, flachen Holzschaufel, damit sie zu keimen beginnt. In jedem Korn wandeln Enzyme Stärke in Zucker um. Aus diesem Zucker entsteht später Alkohol.

4. Die feuchte, angekeimte Gerste wird nun auf dem Boden einer großen Darre zum Malzen ausgebreitet. (Wenn Sie eine schottische Brennerei besuchen, müssen Sie nach der Malzdarre Ausschau halten. Das ist das niedrige Gebäude mit

Das Pagodendach in Benriach.

Darre zum Trocknen des süßen Grünmalzes.

Üblicherweise verwendet man Torf zum Darren des Grünmalzes.

der pagodenförmigen Entlüftung auf dem Dach.) Mit Hilfe eines Torffeuers unter dem Boden wird das Keimen der Gerste zunächst unterbrochen. Dieses stark komprimierte organische Material raucht bekanntlich beim Verbrennen. Der Rauch durchdringt die Gerste und hinterläßt auch im fertigen Whisky einen unvergleichlich rauchigen, »torfigen« Geschmack.

5. Anschließend wird die Gerste gereinigt und in einer Malzmühle zu Schrot gemahlen.

6. Nun füllt man das Malzschrot in ein großes Faß und schüttet heißes Wasser hinzu. Das schottische Wasser weist oft Spurenmineralien auf und hat leicht »torfigen« Charakter. Die restliche Stärke im Malz verwandelt sich in Zucker, der dann gelöst wird. Nach mehrmaligem Ablassen und Hinzufügen von heißem Wasser erhält man die Würze, eine süße Flüssigkeit, die die Schotten »wort« nennen.

Strathisla: Die Gebäude stehen noch, aber die Brennerei ist nicht mehr in Betrieb.

Die Brennerei Macallan und der Lagerraum für die Fässer.

In der Mühle wird das Grünmalz gemahlen, bevor man es mit Wasser vermischt.

7. Diese Flüssigkeit kommt nun unter Zugabe von Bierhefe in einen großen, tiefen Holzbottich. In den nächsten zwei bis drei Tagen kann man verschiede Vorgänge beobachten: Es brodelt, dampft und schäumt, denn die Gärung ist in vollem Gange. Bis zu diesem Stadium war das Verfahren bereits im 6. Jahrhundert vom Bierbrauen bekannt.

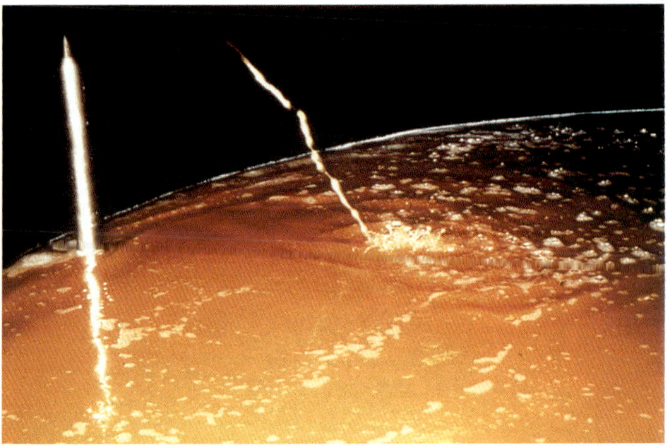

Grünmalz wird im Maischebottich mit kochendem Wasser vermischt. Dabei entsteht die Würze, der »wort«.

Nach dem Abkühlen der Wurze wird Bierhefe hinzugefügt und das ganze im Gärbottich gemischt.

8. Nun betritt man, historisch betrachtet, Neuland: Die Gärflüssigkeit, die jetzt 5 bis 9% Alkohol enthält und »wash« genannt wird, wird in einen Kessel umgefüllt. Dieser wird fest verschlossen und mit einem Kohlefeuer beheizt. Im Deckel steckt ein Rohr, das in eine schlangenförmige Kupferleitung übergeht. Diese Kühlschlange

Gärbottiche aus Holz haben in der Whiskyherstellung mehr Tradition als Stahlbottiche.

wird meist in einem Faß mit kaltem Wasser gekühlt. Wenn die Dämpfe des siedenden »wash« durch die Öffnung in die Kühlschlange steigen, ändert sich die Innentemperatur. Dadurch kondensieren die Dämpfe, welche Öle, Aromastoffe, Alkohol, Wasser und andere reine und unreine Stoffe enthalten, tropfen die Rohrwindungen hinunter und werden in einem Behältnis aufgefangen. Nachdem der ganze »wash« in der Brennblase verdampft ist, wird diese gereinigt und das Verfahren wiederholt.

9. Nach der ersten Destillation verfügt man über den Rauhbrand oder die »low wines«, der einen Alkoholgehalt zwischen 20 und 25% aufweist. Zum Reinigen und Konzentrieren der Aromastoffe und des Alkohols wird diese Flüssigkeit erneut destilliert. Am Anfang der zweiten Destillation zieht der Brennmeister den Vorlauf – die erste Flüssigkeit, die noch ziemlich unrein ist und nicht besonders schmeckt – ab und bewahrt sie für die nächste Destillation auf. Dann zieht er den Mittellauf, den Stoff, in dessen Herstellung so viel Arbeit investiert wurde, ab. Anschließend

Die Brennerei Lowland-Glenkinchie.

wird der Nachlauf, also alle unreinen Rückstände des Destillats, abgezapft und ebenfalls aufgehoben. Diese Flüssigkeit ist zu unrein und zu schwach zum Trinken; sie wird mit dem Vorlauf vermischt und mit dem Rauhbrand des nächsten Ansatzes erneut destilliert.

10. Nun mischt man etwas Schießpulver unter den Whisky und entzündet die Mischung. Explodiert sie, ist das Destillat zu stark. Brennt sie

Die Brennerei Glen Grant Highland. Größere Brennblasen lassen auf die Herstellung eines leichteren Whiskys schließen.

Macallan verwendet sehr kleine Brennblasen und eine direkte Feuerung für einen eleganteren und intensiveren Geschmack.

gleichmäßig, ist das der »Proof«, ein Destillat mit dem richtigen Alkoholgehalt, der bei Malt Whisky zwischen 40 und mehr als 60% schwankt.

11. Abschließend wird der noch farblose Whisky in Fässer abgefüllt und an Whiskyhandler verkauft. Die Händler füllen ihn nach Bedarf in Flaschen ab. Verkauft wird er direkt ab Faß: ohne Alterung für einfache Genießer und ein wenig im Faß gealtert für die anspruchsvollere Klientel.

Gefürchtete Steuereintreiber oder »Eichmeister« hatten ihre Prüfstellen direkt neben den »Alkoholsafes«. Heute wird deren Stelle von Brennereiarbeitern eingenommen.

Ob 1494, als zur Herstellung von Malt Whisky erstmals der Kauf von Aqua Vitae erwähnt wird, oder 1690, als Ferintosh, die erste namentlich genannte Brennerei, in Flammen aufging, ob 1932, als in Amerika die Prohibition aufgehoben wurde, oder 1997, als der japanische Braueriese Suntory die Brennerei Macallan übernahm – das Verfahren zur Destillation von Malt Whisky blieb über 500 Jahre unverändert.

SAMPLES
LOW WINES No 1.
WASH No 1.
No 1. SPIRIT & SAMPLES SAFE
Established 1786
Keith
No 3 SAFE
No 3
WASH STILL
R G ABERCROMBIE & CO LTD.

Das Verfahren

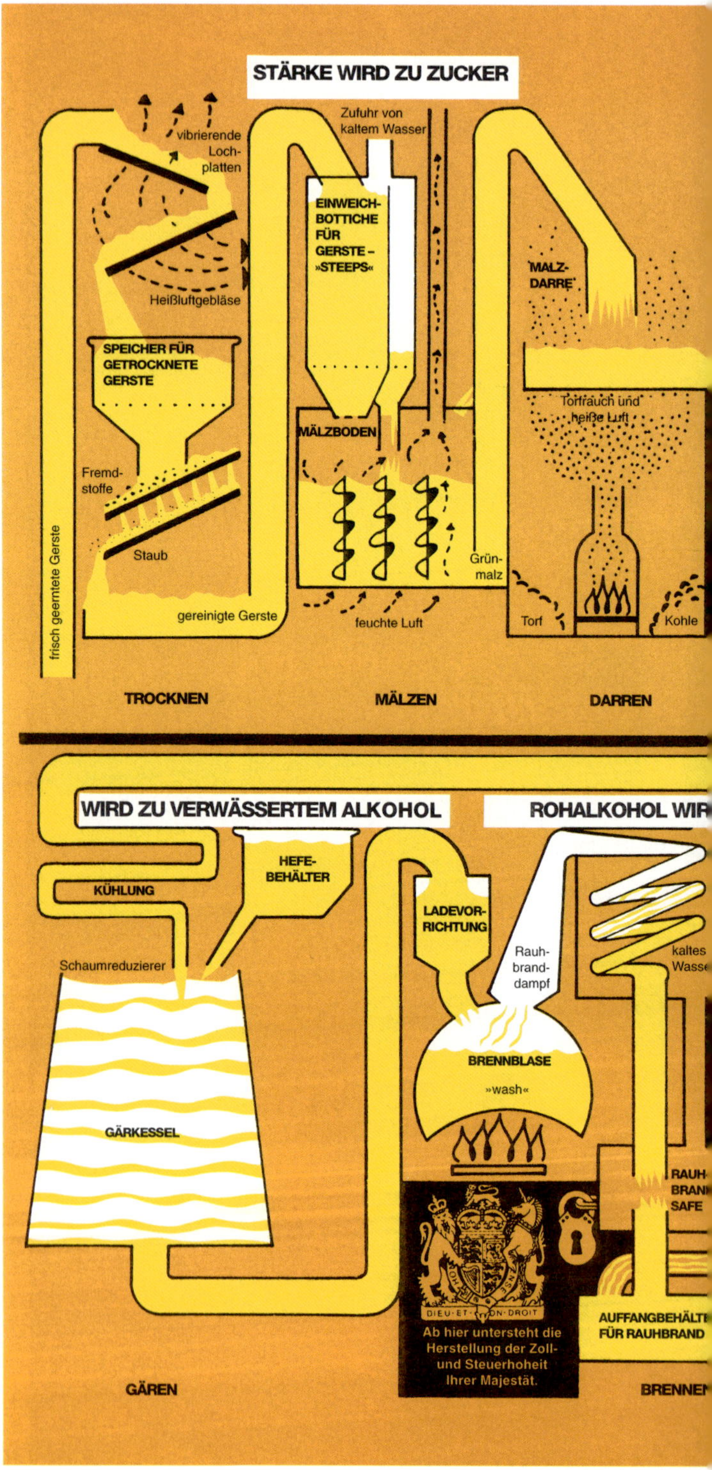

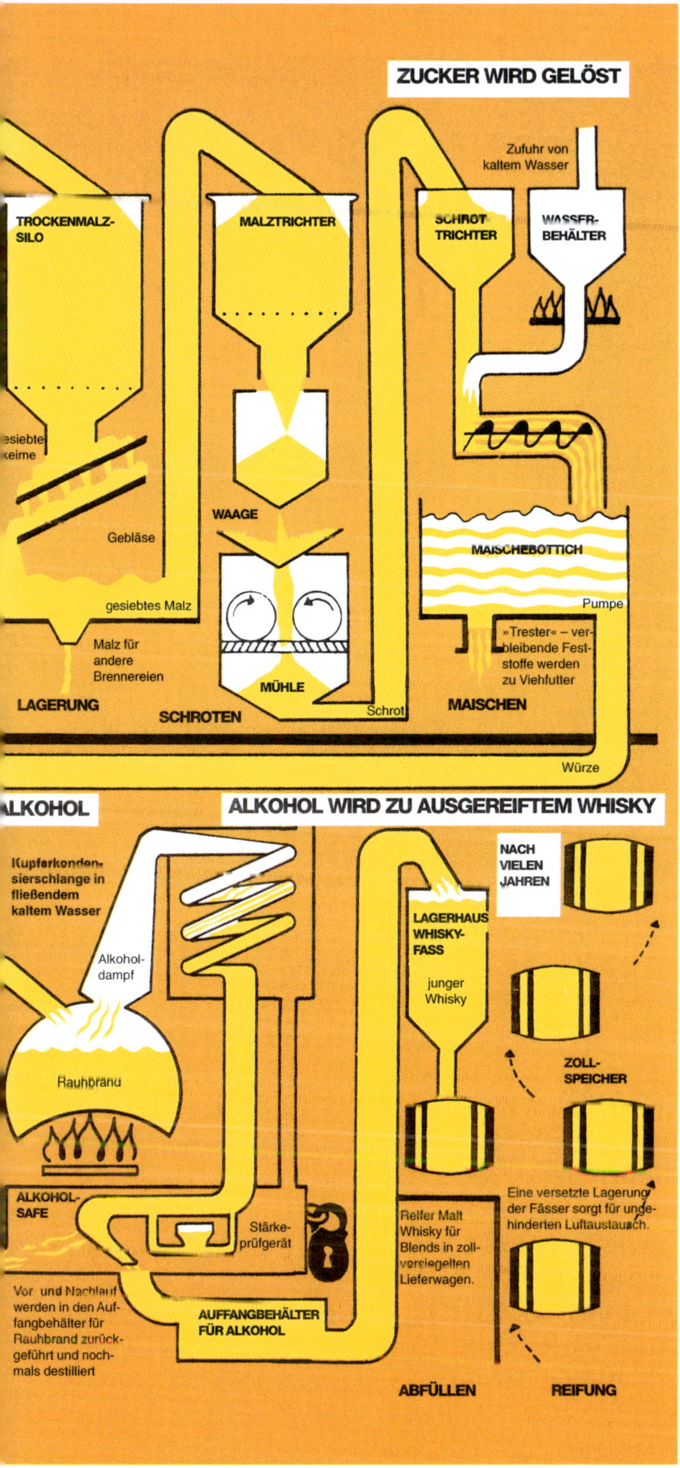
ZUCKER WIRD GELÖST
Zufuhr von kaltem Wasser
TROCKENMALZ-SILO
MALZTRICHTER
SCHROT-TRICHTER
WASSER-BEHÄLTER
esiebte keime
Gebläse
WAAGE
MAISCHEBOTTICH
gesiebtes Malz
Pumpe
Malz für andere Brennereien
»Trester« – verbleibende Feststoffe werden zu Viehfutter
MÜHLE
LAGERUNG
SCHROTEN
Schrot
MAISCHEN
Würze
LKOHOL
ALKOHOL WIRD ZU AUSGEREIFTEM WHISKY
Kupferkondensierschlange in fließendem kaltem Wasser
NACH VIELEN JAHREN
LAGERHAUS WHISKY-FASS
Alkoholdampf
junger Whisky
Rauhbrand
ZOLL-SPEICHER
ALKOHOL-SAFE
Stärkeprüfgerät
Reifer Malt Whisky für Blends in zollversiegelten Lieferwagen.
Eine versetzte Lagerung der Fässer sorgt für ungehinderten Luftaustausch.
Vor- und Nachlauf werden in den Auffangbehälter für Rauhbrand zurückgeführt und nochmals destilliert
AUFFANGBEHÄLTER FÜR ALKOHOL
ABFÜLLEN
REIFUNG

Warum schottischer Whisky?

Die Destillation ist ein faszinierendes Verfahren, insbesondere, wenn man ihren Ursprung betrachtet. Wie konnten unsere Vorfahren dieses Verfahren entdecken und die Herstellungsmethoden entwickeln? Als Zeugnis der menschlichen Erfindungsgabe ist die Destillation hinsichtlich ihrer Effizienz und Perfektion zwar konkurrenzlos, aber letztendlich läßt sich ihr Grundprinzip ganz einfach auf andere Substanzen wie Farbstoffe, Benzin oder Raketentreibstoff übertragen.

Dies führt zu der Frage, wo genau der Scotch Whisky herkommt. Woher stammt dieses göttliche Getränk, das uns in so vielerlei Gestalt gegenübertritt? Die Antwort lautet natürlich: aus Schottland, oder genauer aus den einzelnen Re-

gionen des Landes, aus den Highlands und Lowlands, von Islay, aus Campbeltown und von den Inseln. Innerhalb dieser Regionen gibt es eine Reihe von Unterregionen: Die Highlands werden in Northern Highlands, Speyside, Eastern Highlands und Perthshire unterteilt, die Inseln umfassen Skye, Mull, Jura und Orkney.

Die Lage der Brennerei gibt bereits wichtige Hinweise zur Lösung des Geheimnisses, das sich hinter diesem einzigartigen Tropfen verbirgt. Aber es gibt noch andere Faktoren: die Menge und Qualität des beim Mälzen verwendeten Torfs, der Mineraliengehalt und der Geschmack des Wassers, die Nähe einer Brennerei zum Meer, die Gerstensorte, der Grad der Keimung und die Stärke der Mälzung, die Art, die Form und der

Zustand der Brennblasen, die Erfahrung des Brennmeisters und nicht zuletzt die Art des Fasses, das zum Altern und Reifen des Destillats verwendet wird. Wir sollten auch die Feen, Wald- und Wassergeister, die legendären historischen Figuren und die Sagen nicht vergessen, die Schottland und seine Whiskyindustrie bevölkern.

Die offizielle Liste der Lagerfässer bei Macallan.

Regionale Magie

Im Prinzip haben die Whiskys aus jeder Region unverkennbare Eigenschaften.

Highlands/Speyside: Wenn die Schotten von den Highlands reden, meinen sie die oberen zwei Drittel Schottlands. Alles, was wir mit Schottland verbinden – Gebräuche, Sprache und auch das Schottenkaro –, kommt größtenteils aus dieser Region.

Am Spey, der durch die Highlands fließt, liegen die meisten Brennereien in Schottland, weshalb die Unterregion als Speyside bezeichnet wird. Der Whisky aus dieser Region hat einen süßen, beinahe zarten Geschmack, der von ausgeprägt fruchtigen und honigartigen Noten durchdrungen wird.

Im Herzen des Whiskygebietes in den Highlands fließt der Spey. Sein Wasser ist berühmt für guten Whisky und Lachsfang.

Ein Ausflug in die Highlands besitzt immer etwas Zauberhaftes, besonders bei der Brennerei Glen Grant. Ein Spaziergang durch die vor kurzem restaurierten Gärten wird gekrönt durch einen Schluck vom Feinsten, was die Brennerei zu bieten hat. Die Schlüssel zu diesem Tresor verwahrt allein der Brennereileiter und höchstens noch eine weitere Person.

Produktions-gebiete für Malt Whisky in Schottland

Campbeltown

Highlands/ Speyside

Inseln

Islay

Lowlands

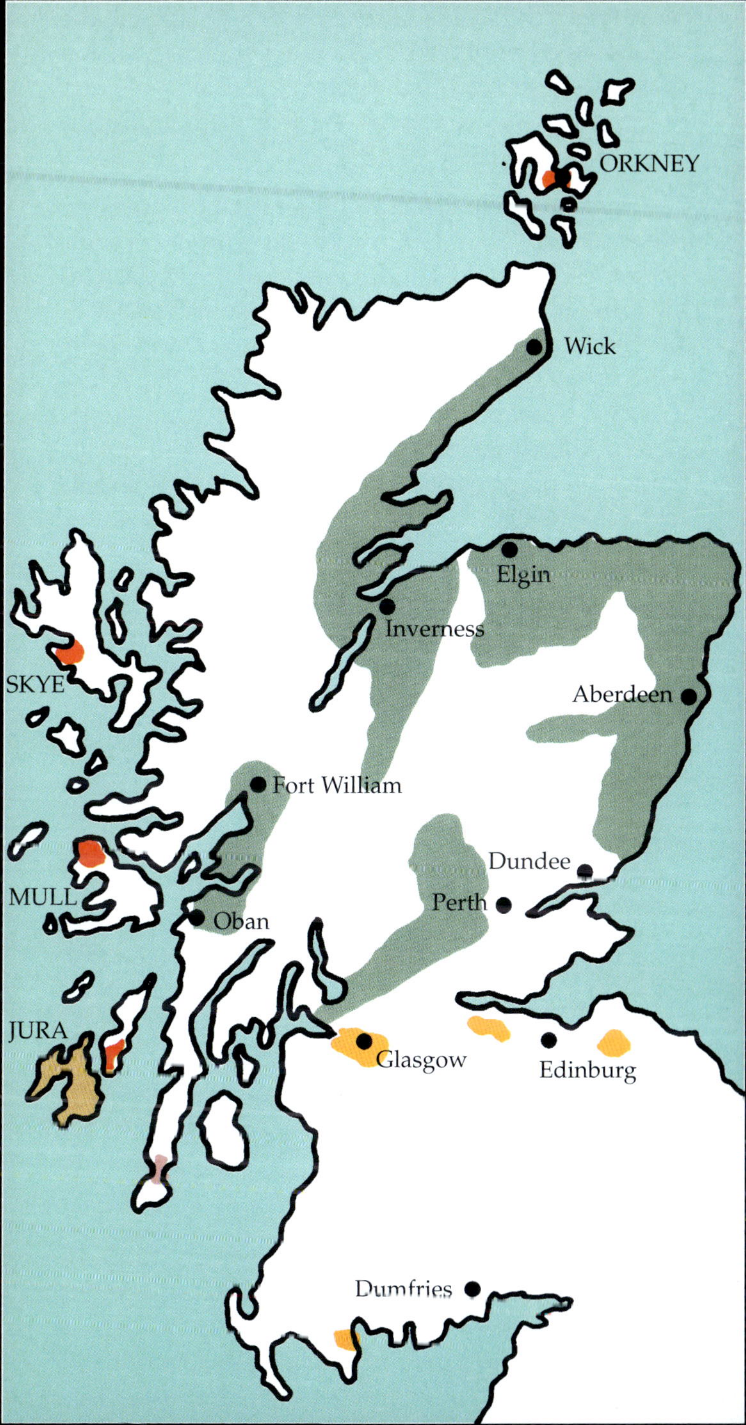
ORKNEY
Wick
Elgin
Inverness
SKYE
Aberdeen
Fort William
Dundee
Perth
MULL
Oban
JURA
Glasgow
Edinburg
Dumfries

Die rauhe Landschaft und das harsche Klima der Northern Highlands sind eine der Ursachen für die geringe Bevölkerungsdichte. Die Whiskys aus dieser Region sind nicht ganz so süß wie die aus Speyside, sondern etwas stärker und vollmundiger.

Campbeltown: Hier fand man einst die meisten Brennereien. Aber Überproduktion und zweifelhafte Geschäftstaktiken führten dazu, daß das Gebiet mit mittelmäßigen und billigen Whiskys in Verbindung gebracht wurde. Jetzt, da nur mehr zwei Brennereien übrig sind, lassen sich die Whiskys aus Campbeltown kaum noch charakterisieren. Allerdings produziert Springbank (eine der beiden verbleibenden Brennereien) einen exzellenten Whisky.

Islay: Islay (Eilah ausgesprochen), das an der Südküste Schottlands gegenüber von Nordirland liegt, stellt Whiskys her, die wegen des intensiven und sehr speziellen Geschmackprofils leicht identifiziert werden können. Die Whiskys werden im allgemeinen als salzig, torfig, nach Seetang und Medizin schmeckend beschrieben. Einigen mag der Geschmack zu intensiv sein. Aber wer sich mit Whisky beschäftigt, zählt zu seinen Lieblingswhiskys bestimmt einen aus dieser Region.

Die Inseln: im einzelnen Sky, Mull, Orkney und Jura. Während die Malt Whiskys ein Geschmacksspektrum von stark torfig und salzig wie in Islay bis stark und vollmundig wie in den Northern Highlands haben, sind sie alle rauchig in Duft und Geschmack sowie ölig am Gaumen.

Die Lowlands: Diese Region ist das Gebiet mit der meisten Industrie und der höchsten Bevölkerungsdichte. Die meisten Lowlands-Whiskys werden zum Verschneiden verwendet, obwohl seit kurzem auch einzelne Brennereiabfüllungen erhältlich sind. Die Whiskys aus dieser Region sind trocken und von eher flüchtigem Charakter.

Die Franzosen glauben an die Idee des »terroir«. Im allgemeinen werden mit »terroir« die

Ein Blick auf die Stadt Craigellachie von der Brennerei Macallan aus.

Torf wird nicht nur bei der Whiskyherstellung verwendet. Im Bild oben sehen Sie ein wärmendes Torffeuer in The Vaults, dem Sitz der Scotch Malt Whisky Society.

besonderen Eigenschaften einer Lage oder, mit anderen Worten, eine Idealvorstellung der Lage verbunden. Die Chardonnay-Traube kann an beliebigen Orten weltweit angebaut und zu Wein verarbeitet werden. Aber, so sagt man in Frankreich, ein Montrachet kann nur auf den 7,5 Hektar der Gemeinden Puligny und Chassagne-Montrachet, an der Côte de Beaune, der Côte d´Or und in

Burgund entstehen. Vielleicht kann diese Vorstellung des »terroir« erklären, warum Aberlour anders schmeckt als Tamdhu? Oder warum Lagavulin und Laphroaig, zwei Brennereien in Islay, die nur einen Steinwurf auseinander liegen, Whiskys erzeugen, die so verschieden schmecken wie Vanille und Lakritze?

Die Kombination von Faktoren, die jede Region aufweist, beeinflußt ohne Zweifel den Whisky. Die chemische Zusammensetzung des Wassers, das bei der Herstellung eines Whiskys verwendet wird, muß eine Rolle spielen. Es macht den Whisky mehr oder weniger torfig, mehr oder weniger salzig. Das gleiche gilt für die Torfung der Gerste: wieviel Torf wird verwendet, wie lange wird die Gerste dem Rauch ausgesetzt und welche Stoffe sind dem Torf beigemengt? Heidekraut parfümiert beispielsweise den Rauch.

Form, Alter und Zustand der Brennblasen haben ebenfalls Einfluß auf das Ergebnis. Brennblasen mit längerem Hals ergeben einen leichteren Brand, kleinere, gedrungenere Brennblasen ein intensiveres Destillat. Der Mythos, der die Brennblasen umgibt, ist so groß, daß für eine neue Brennblase, die wegen Kapazitätserweiterung oder als Ersatz einer defekten Blase gebraucht wird, die alte Blase genau nachgebaut wird, bis hin zu den Flicken und Dellen.

Whisky ist des weiteren auch vom Können des Brennmeisters abhängig: von seinem Gefühl, wann der beste Anteil des Alkohols abgezogen werden kann, seiner sturen Unbeirrbarkeit und seiner Nase, die 150 und mehr Düfte in einer Whiskyprobe unterscheiden kann.

Und wie bereits erwähnt, sind das Holz und der Alterungsprozeß von essentieller Bedeutung. Ich glaube fast, daß die Eigenschaften, die ein Whisky durch die lange Lagerung in einem Eichenfaß erhält, das entscheidende sind. Aber mehr dazu später.

Single Malt – der Unterschied

Zur Mitte des 19. Jahrhunderts soll Andrew Usher & Co. das erste Handelsunternehmen gewesen sein, das einen Blended Whisky auf den Markt brachte und somit in der Whiskyproduktion ein neues Zeitalter einläutete. Gemäß Definition ist Blended Whisky eine Mischung aus Malt Whisky und Grain Whisky. Grain Whisky kann aus einer Reihe verschiedener Getreidesorten erzeugt werden, darunter Mais, Weizen und Gerste – sowohl gemälzte (gekeimte) als auch ungemälzte Sorten.

Grain Whisky wird in einem Patentdestillierapparat hergestellt. Dieses Gerät, um 1830 erfunden, unterscheidet sich von der Brennblase dadurch,

Haggis und Whisky, Grundbestandteil des Robert Burns Dinner am 25. Januar.

Obwohl alle Fässer gleich aussehen, birgt der Inhalt oft Überraschungen.

daß es kontinuierlich betrieben werden kann und nicht nach jeder Charge gereinigt und neu gefüllt werden muß. Der Patentbrennapparat ist zwar hocheffizient, erzeugt aber einen größtenteils geschmack-, farb- und geruchlosen Reinalkohol.

Single Malt Scotch Whisky hingegen wird in einer Brennblase aus 100% Grünmalz gebrannt und in Schottland in Eichenfässern mindestens drei Jahre lang gelagert. Danach weist er einen Proof von mindestens 40% Alkohol auf. Single Malt Scotch Whisky darf nur aus einer einzigen Brennerei stammen.

Ein Verschnitt aus Single Malt Whiskys, d. h. ein Verschnitt, der keinen Grain Whisky enthält, wird Vatted Malt genannt. Er erfreut sich in den letzten Jahren zwar nicht mehr so großer Beliebtheit, aber das Interesse an der Vermarktung dieses Whiskys scheint wieder zu erwachen.

Um die Verwirrung komplett zu machen, verkaufen fast alle Brennereien Whisky im Faß. Eine Whiskygesellschaft oder andere Gruppen von Whiskyfreunden oder unabhängige Abfüller mit eher wirtschaftlichem Interesse kaufen diesen und füllen ihn selber ab. Je nach Reifegrad des Whiskys kann er sofort abgefüllt oder gelagert und später abgefüllt werden. Abgesehen von der Scotch Malt Whisky Society, einem weltweiten Verband von Whisky-freunden, sind die beiden ältesten unabhängigen Abfüller Gordon & MacPhail und Wm. Cadenhead. Diese Unternehmen füllen Whiskys ab, die sonst wahrscheinlich nie jemand zu Gesicht bekäme, und vertreiben diese. Anders als bei der Abfüllung in der Brennerei verwenden die unabhängigen Abfüller Whisky aus einem einzigen Faß. Daher ist jede Flasche etwas besonderes. Keine schlechte Sache, es sei denn Sie essen ausschließlich bei McDonalds und erwarten diese Zuverlässigkeit des Geschmacks auch bei Ihrem Whisky.

Bei der Abfüllung eines Single Malt in der Brennerei wird meistens eine Mischung verschiedener Fässer ähnlichen Alters verwendet. Dies gewährleistet einen gleichbleibenden Single Malt. Die meisten Brennereien nehmen eine Kaltfiltrierung vor, damit der Whisky in der Flasche klar bleibt. Außerdem wird der Whisky rektifiziert, d. h. mit einer gewissen Menge Wasser aufgefüllt, um den gleichen Proof zu erhalten. Unabhängige Abfüller hingegen füllen Whisky aus einzelnen Fässern ab, manchmal mit der Faßstärke, nicht rektifiziert und selten kalt gefiltert. Das Ziel dabei: Der abgefüllte Whisky soll möglichst wie »frisch gezapft« schmecken.

Beide Abfüllmethoden haben ihr Für und Wider. Im Grunde wird dadurch nur die unendliche Diskussion angeheizt, warum Single Malt Whisky so sehr für Gesprächsstoff sorgt.

Alter vor Schönheit

Vor der Jahrhundertwende wurde Whisky jung getrunken. Er wurde bei der Brennerei ins Faß gefüllt und einem Händler verkauft, der ihn dann nach Bedarf in Flaschen abfüllte. Um 1915 richtete man zur Überwachung der Whiskyherstellung eine Regierungsstelle ein, die verfügte, daß Whisky mindestens drei Jahre im Faß lagern muß, um den Namen Whisky zu verdienen. Anstelle irgendwelcher alten Behälter zur Abfüllung des Brandes mußten die Brennereien jetzt Fässer von höherer Qualität verwenden, da drei Jahre in einem Faß, das zuvor gepökelten Fisch

Cadenhead ist ein bekannter unabhängiger Abfüller. Der Laden in Edinburgh ist eine Reise wert. Sein Sortiment wechselt täglich, je nachdem, welche unabhängigen Abfüllungen gerade auf Lager sind. Bourbon-Trinker müssen draußen bleiben.

enthalten hatte, unschöne Auswirkungen auf den Whiskygeschmack gehabt hätten. Die Wahl der schottischen Brennereien fiel auf Fässer aus französischer oder amerikanischer Eiche, die zuvor von den spanischen Sherry-Bodegas und den Kentucky-Bourbon-Herstellern zur Lagerung und zum Versand verwendet worden waren. Damals waren diese Fässer vor allem deswegen billig zu haben, weil es für die Bodega-Besitzer und Bourbon-Brennereien günstiger war, sie am Hafen zu verkaufen, statt sie wieder leer zu verschiffen. Das sollte sich als Segen für die Schotten und ihren Whisky erweisen, da sich viele Eigenschaften der Fässer (die verwendete Eichensorte, die Herstellungsart der Fässer und Restgeschmackstoffe von Sherry oder Bourbon) äußerst positiv auf die Lagerung des Whiskys auswirkten.

Die meisten Whiskys werden rektifiziert, d. h. vor dem Abfüllen ins Eichenfaß mit etwas Wasser verdünnt. Whisky verläßt die Brennblase mit etwa 70% Alkohol oder einem Proof von 140. Bei der Abfüllung ins Faß wird er auf etwa 63% Alkohol rektifiziert, bei der Abfüllung in Flaschen wird eine weitere Verdünnung vorgenommen. 40% ist die übliche Stärke innerhalb der Europäischen Union, 43% Alkohol enthält der Exportwhisky. Mit der Expansion des unabhängigen Abfüllermarktes (wo Whisky einzeln im Faß bei der Brennerei gekauft und an einem anderen Ort abgefüllt wird) kann man jetzt auch Abfüllungen mit Faßstärke finden. Diese haben einen Alkoholgehalt von 43 bis über 64%. In letzter Zeit experimentieren viele Brennereien mit anderen Arten von Eichenfässern zur Verfeinerung des Whiskys, darunter Brandy-, Port- und Rumfässer. In einigen Fällen wird Whisky acht Jahre in einem Bourbonfaß, das gewöhnlich einen leichteren Geschmack hinterläßt als zum Beispiel ein Sherryfaß, und zur Verfeinerung sechs Monate bis ein Jahr in einem Brandyfaß gelagert. Diese Entwicklung in der Whiskyherstellung läßt sich mit einem Koch vergleichen, der Gewürze aus dem Fernen Osten für sich entdeckt hat und diese bei der Zubereitung westeuropäischer Gerichte verwendet. Viele versuchen es, nur wenige haben Erfolg.

Bei der Lagerung des Whiskys findet ein Austausch zwischen der Flüssigkeit im Faß und der äußeren Umgebung statt. Zwischen 2 und 5% des Whiskys im Faß verdunsten jedes Jahr. Der Anteil schwankt je nach Luftfeuchtigkeit des Kellers, in dem die Fässer liegen. Diese teure Verdunstung hat den poetischen Namen »Engelsanteil«. Darüber hinaus meinen viele, daß die Eigenschaften der Umgebung, in der der Whisky lagert, einen Einfluß ausüben. Beispielsweise wird der Whisky in einem Keller nahe der Meeresküste einen salzigen Geschmack annehmen.

Bei der Lagerung im Eichenfaß verändert sich Whisky durch die weichmachende Wirkung der Gerb- und anderer Stoffe im Eichenholz sowie durch die Aromastoffe, die das Holz selbst enthält. Wie bereits erwähnt, hinterlassen Restgeschmacksstoffe von Bourbon, Sherry oder anderen Flüssigkeiten ihre ausgeprägten Spuren.

Auch die Faßherstellung kann beim Geschmack eines Whiskys eine Rolle spielen. Das Holz wird dabei in schmale Bretter, sog. Dauben, gesägt, die dann einige Jahre an der Luft getrocknet werden, damit das Holz einen Großteil der bitteren Gerbstoffe verliert. Anschließend werden die Dauben in Wasser eingeweicht. Ein erfahrener Böttcher nimmt dann jede einzelne

Dufftown liegt im Herzen von Speyside. Von den sieben Brennereien ist Glenfiddich heute die bekannteste.

Daube, hält sie über Feuer und biegt sie in die Form, die er für sein Faß braucht. Bei diesem Vorgang wird die Oberfläche der Daube, die mit dem Whisky in Kontakt kommt, »getoastet«. Der »Toast« eines Fasses, der hell bis tiefdunkel sein kann, trägt ebenfalls zum Geschmack bei. Die Ausprägung dieser Eigenschaft hängt von der Stärke des »Toastens« ab.

Die meisten Whiskys werden im Alter zwischen acht und fünfzehn Jahren verkauft. Übliche Altersklassen sind: 8 Jahre, 10 Jahre, 12 Jahre, 14 Jahre und 15 Jahre. Sofern ein Whisky nicht aus einem einzigen Faß stammt, was dann auf dem Etikett verzeichnet ist, wird Single Malt Scotch Whisky aus den Inhalten mehrerer Fässer gemischt, die in den meisten Fällen dasselbe Alter aufweisen und von der gleichen Brennerei stammen. Das Alter, das auf der Flasche eines Whiskys steht, ist das Alter des jüngsten, enthaltenen Whiskys. Auf den Etiketten älterer Whiskys stehen u. U. das Brenndatum, das Abfülldatum und eine Altersangabe, z. B. 17 Jahre, 21 Jahre usw. Wenn eine Altersangabe gemacht wird, ist diese auf die Zahl ganzer Jahre abgerundet, die der Whisky im Faß gelagert wurde. Manchmal entscheidet sich eine Brennerei auch dafür, eine jüngere Altersangabe oder gar keine zu machen.

Whisky wird nicht zwangsläufig mit dem Alter besser. (Denken Sie nur an einige Ihrer Bekannten.) Sicher sind einige wenige alte und teure Whiskys deutlich besser als die jüngeren Kollegen, aber das ist die Ausnahme und nicht die Regel. Bei unserer Verkostung konnten wir feststellen, daß die meisten Whiskys nach 21 Jahren an Frische verlieren und eher muffig, holzig und flach werden. Aber Vorsicht: Dies ist nur ein allgemeiner Eindruck. Wir haben auch einige sehr alte Whiskys verkostet, die hervorragend waren. Ich würde Ihnen zum Thema Alter folgendes raten: 1. Lügen Sie immer, wenn Sie selbst danach gefragt werden. 2. Bei Whisky sollten Sie einfach selbst probieren und Ihren Favoriten küren.

Abfüllung

Single Malt Whisky findet außerhalb Schottlands seit Ende der 1970er Jahre zunehmendes Interesse. Gleichzeitig fielen die Absatzzahlen für Blended Whisky, obwohl er immer noch den höchsten Anteil der braunen Brände stellt. In den USA sank der Verkauf zwischen 1994 und 1995 um 3,3%. In derselben Zeit stieg der Absatz von Single Malt um 14%. Dieser Trend nach oben scheint anzuhalten. Die Brennereien nutzen ihn, indem sie das Altersspektrum der Abfüllungen erweitern. Unabhängige Abfüllungen sind immer leichter erhältlich. Einige Firmen, darunter Gordon & MacPhail und Cadenhead, aber auch eine Reihe von Clubs und Gesellschaften wie die Scotch Malt Whisky Society kaufen Whisky im Faß direkt bei der Brennerei, lagern ihn und füllen ihn selber ab. So ist es momentan nahezu unmöglich, ein letztgültiges Werk über alle weltweit erhältlichen Whiskys zu verfassen, da sich die Zahl ständig ändert.

Unser Buch soll Ihnen einen allgemeinen Überblick über Scotch Whisky – auch über Blended Whisky, Abfüllungen von Brennereien und unabhängiger Abfüller – bieten. Der relative Alkoholgehalt der einzelnen vorher erwähnten Abfüllungen stellt sich folgendermaßen dar: Brennereiabfüllungen weisen 40% (Proof 80) auf, wenn sie innerhalb der EU verkauft, und 43% (Proof 86), wenn sie aus der EU exportiert werden. Unabhängige Abfüllungen können in Faßstärke verkauft werden. Der Gehalt kann dann von 43% (Proof 86) bis 67% (Proof 134) reichen. Bei den Verkostungsbeschreibungen sind immer die verwendeten Proben angegeben.

Brennereiabfüllungen sind zumeist gleichbleibender im Charakter als unabhängige Abfüllungen. Brennereien mischen verschiedene Fässer mit Single Malt, um einen ihrer Ansicht nach perfek-

ten Whisky zu erhalten. Unabhängige Abfüllungen stammen von einzelnen Fässern, die sich untereinander ziemlich unterscheiden können. Dies ist keinesfalls ein Nachteil, aber es wäre unfair, einen Whisky nur anhand der Probe aus einer Flasche aus unabhängiger Abfüllung zu bewerten. Wir empfanden es als die beste Lösung, die Brennereiabfüllungen mit unabhängigen Abfüllungen zu vergleichen, wenn beides verfügbar war.

Mit Ausnahme von verschiedenen privaten Gesellschaftsabfüllungen sind Name der Brennerei, Alter und Alkoholgehalt auf dem Etikett angegeben. Manchmal werden Fässer von stillgelegten Brennereien aufgekauft. Die Flaschen aus unabhängiger Abfüllung sind dann die letzten erhältlichen Exemplare. Ardbeg, Dallas Dhu und North Port, von denen Proben in das vorliegende Buch aufgenommen wurden, sind jetzt alle geschlossen. Dank der Bemühungen einiger Gruppen wird die Erinnerung an einige der stillgelegten Brennereien noch lange weiterleben.

Die Nase zählt:

Die Verkostung

Bei verschiedenen Quellen (Vertrieben, Herstellern, unabhängigen Abfüllern, alles hilfsbereite Menschen) haben wir Proben angefordert. Eine Reihe von Leuten aus dem Handel und der Nahrungsmittelbranche, Freunde aus der Verlags- und Fotobranche (notorische Scotch-Trinker) und ein paar unabhängige Testpersonen wurden eingeladen, Verkostungsbögen entworfen, Vorspeisen ausgewählt, Einladungen verschickt, und die Scotch-Party konnte beginnen. Viele der Zitate, die Sie in der Verkostungsbewertung finden, stammen von diesem Ereignis. Einige von Ihnen mögen sich wundern, warum die Flaschen in den Abbildungen verschieden voll sind. Aber was soll man mit Scotch Whisky anderes machen als ihn trinken? Der Leser wird anhand des Füllstands der abgebildeten Flaschen erkennen, welche Whiskys mehr Zuspruch fanden. Aber vergessen Sie nicht: Bei der harten Arbeit an diesem Buch fand ich es sehr inspirierend, ab und zu einen Schluck zu mir zu nehmen.

Die Verkostung im JUdson Grill, New York City

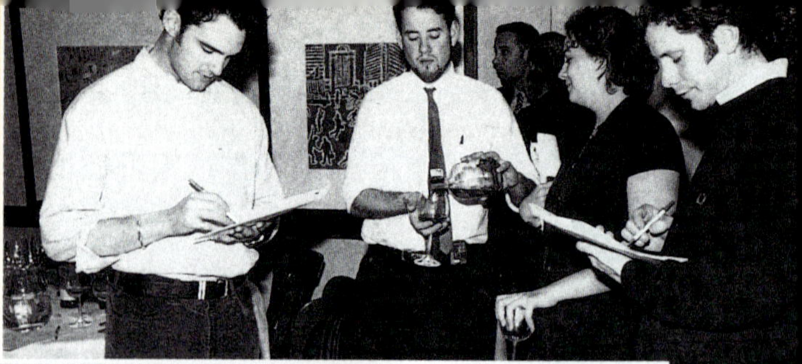

YEARS 12 OLD
The Best of Speyside
RAGGANMORE
SINGLE HIGHLAND MALT
AGED 12 YEARS
Scotch Whisky
SOLE DISTRIBUTOR IN USA,
SCHIEFFELIN & SOMERSET CO,
NEW YORK, N.Y
PRODUCT OF SCOTLAND
THE
GLENROTHES
SINGLE SPEYSIDE
THE GLENROTHES DISTILLERY
SAMPLE ROOM
CHARACTER: Delicate, peaty undertones.
CHECKED: DATE: 4/7/84
APPROVED: DATE: 8.9.95
1979
Distilled and Bottled in Scotland. Berry Bros. & Rudd Ltd, 3 St James's Street, London
SCOTCH WHISKY
PRODUCT OF SCOTLAND
43% Alc./Vol.
750ml
ATHISLA
ALC. 43% BY VOL

Wie man dieses Buch verwendet

Vor einiger Zeit war ich mit meiner Verlegerin beim Essen und präsentierte ihr meine Idee für einen Fotoband über Wein. Wir sprachen darüber und sie sagte mir, daß sie es für eine ganz schöne Idee halte, aber der Verlag brauche momentan kein Buch über Wein. Ein schönes Essen, trinkbarer Wein, und ich war froh, daß sie die Idee zumindest für interessant hielt. Was sie mir an diesem Abend nicht erzählte: Der Verlag brauchte ein Buch über Scotch Whisky. Nun, die meisten Leute, die Bücher über Scotch Whisky geschrieben haben, sind ziemlich fanatisch, wenn es um Scotch, Schottland und Whisky geht. Mir geht es ebenso, aber eben bei Wein. Ich bin im Weinhandel tätig, schreibe Bücher über Wein, stelle Weinkarten für Restaurants zusammen, trinke Wein, verkaufe ihn, verkoste ihn, rede über ihn, halte Seminare über ihn, denke über ihn nach und fotografiere ihn sogar. Aber Scotch ...!?

Als ich mit Recherchen und Verkostungen immer weiter in die Welt des Malt Whiskys eindrang, fand ich heraus, daß mich in der Whiskywelt Gott sei dank ebensoviel Komplexität, intellektuelle Anregung und Sinnesfreuden erwarteten, wie ich in der Welt des Weines entdeckt hatte. Darüber hinaus kam ich in den Genuß, eine neue Kategorie von Menschen, die »Whisky-Trinker«, kennenzulernen.

All denen, die Blended Whisky trinken – 1996 immerhin 9 450 000 Liter – möchte ich wünschen, daß etwas von dem Vergnügen, das wir beim Ausprobieren verschiedener Typen von Single Malts hatten, sie dazu anregt, es uns nachzutun und Ihre Erfahrungen mit den unseren zu vergleichen.

Ich habe es bereits zu Genüge in meinen Weinbüchern betont: Nicht das, was andere als das Beste bezeichnen, zählt, sondern das, was Sie lieben. Kosten Sie mit Freunden, und streiten Sie, welcher Whisky am besten ist. Es macht eine Menge Spaß.

Schottischer Whisky

Verkostungsformular

Tisch ________ **Marke** ____________________

Bitte beantworten Sie die folgenden Fragen, indem Sie Ihre Beurteilung auf den Balken markieren.

Körper

Wie schwer ist dieser Whisky und wie fühlt er sich im Mund an?

sehr schwer ——————+—————— **sehr leich**

Wie intensiv oder leicht sind die Duftstoffe bei diesem Whisky?

sehr voll ——————+—————— **sehr leic**

Wie komplex und kräftig sind die Aromen bei diesem Whisky?

stark ——————+—————— **leic**

Zusätzliche Bemerkungen: ____________________

____

____

Kreisen Sie die zutreffenden Duft- und Geschmackscharakteristiken ein:

Duft

blumig fruchtig würzig scharf erdig ölig nussig

Geschmack

süß salzig pfeffrig rauchig sauer Karamell Vanille

Tabak Kaffee schwefelig Anis Pfirsich Zitrus Minze

Andere Aromen: ____________________

Führen Sie bitte, falls notwendig, die Duft- und Aromabeschreibung weiter aus: ____________________

____

Notieren Sie bitte Ihre persönlichen Eindrücke und Empfindungen: ____________________

____

____

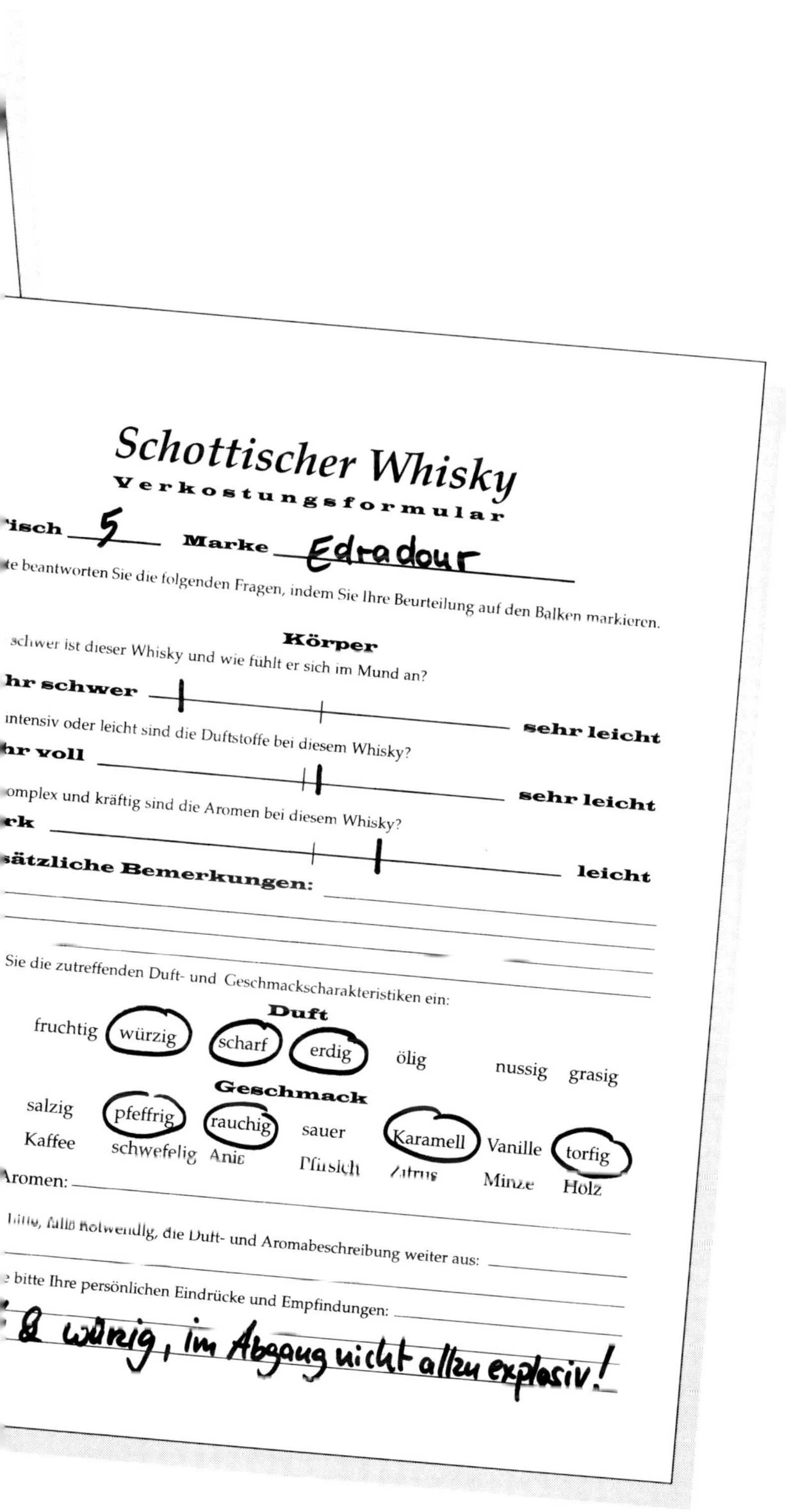
Schottischer Whisky

Verkostungsformular

'isch 5 **Marke** Edradour

'te beantworten Sie die folgenden Fragen, indem Sie Ihre Beurteilung auf den Balken markieren.

Körper

schwer ist dieser Whisky und wie fühlt er sich im Mund an?

hr schwer ——— **sehr leicht**

intensiv oder leicht sind die Duftstoffe bei diesem Whisky?

hr voll ——— **sehr leicht**

omplex und kräftig sind die Aromen bei diesem Whisky?

rk ——— **leicht**

sätzliche Bemerkungen:

Sie die zutreffenden Duft- und Geschmackscharakteristiken ein:

Duft

fruchtig würzig scharf erdig ölig nussig grasig

Geschmack

salzig pfeffrig rauchig sauer Karamell Vanille torfig

Kaffee schwefelig Anis Pfirsich Zitrus Minze Holz

Aromen:

bitte, falls notwendig, die Duft- und Aromabeschreibung weiter aus:

e bitte Ihre persönlichen Eindrücke und Empfindungen:

& würzig, im Abgang nicht allzu explosiv!

Single-Malt-Whisky-Marken

ABERLOUR
ESTD 1879
ABERLOUR
GLENLIVET
DISTILLERY
SPEYSIDE
MALT AGED
TEN YEARS
SINGLE HIGHLAND MALT
SCOTCH WHISKY
AGED 10 YEARS
750 ml
43%
Alc/Vol
DISTILLED AND BOTTLED IN SCOTLAND
ABERLOUR GLENLIVET DISTILLERY CO. LTD.
ABERLOUR SPEYSIDE

Aberlour

Aber-loer

Highlands (Speyside)

Alter bei der Abfüllung: 10 Jahre, 21 Jahre, »100« Jahre und Antique

Alkoholgehalt: 10 Jahre – 40%, 21 Jahre und Antique – 43%, 100 Jahre – 57%

Aberlour wurde 1826 gegründet, aber auf dem Etikett steht 1879. Das spätere Datum bezieht sich auf den Wiederaufbau der Brennerei, nachdem sie einem Brand zum Opfer fiel. Pernod-Ricard, ein französischer Konzern, ist heute Eigentümer der Brennerei. Nach der Modernisierung des Betriebs wurde in Frankreich eine massive Werbekampagne gestartet. Daher werden die meisten Single-Malt-Abfüllungen von Aberlour in Frankreich abgesetzt. Der Großteil der Produktion der Brennerei wird zum Verschneiden verwendet.

»Mild, aber kräftig. Ein Vergnügen zu trinken.«

Duft: Würzig, scharf, Gras, blumig.

Geschmack: Pfeffer, Karamel, Toffee, mittlerer bis voller Körper, langer Abgang.

Aberfeldy

Southern Highlands

Alter bei der Abfüllung: 15 Jahre

Alkoholgehalt: 43%

Die Brennerei wurde in den 90er Jahren des 19. Jahrhunderts von den Söhnen des berühmten Blend-Produzenten John Dewar erbaut und liegt in einer wunderschönen Waldlandschaft. Das hier beheimatete rote Eichhörnchen ist auf dem Etikett von Aberfeldy dargestellt. Der Großteil des Whiskys wird zum Verschneiden verwendet (Dewar´s), aber ein Teil ist als unabhängige Abfüllung und Brennereiabfüllung erhältlich.

»Riecht wie Vanilleeis.«
»Kräftig und angenehm.«

Duft: Nussig, parfümiert, Eichennoten.

Geschmack: Kräftig, etwas süß, sanfter Abgang.

Allt-A-Bhannie

ahlt-a-bäni oder olt-a-väni

Highlands (Speyside)

Alter bei der Abfüllung: 12 Jahre

Alkoholgehalt: 56%

Die Brennerei Allt-A-Bhannie ist mit dem Gründungsdatum 1975 zwar einer der jüngeren, wurde aber von Seagram in traditionellem Stil erbaut. Ihre gesamte Produktion (4,5 Millionen Liter und mehr) wird zum Verschneiden verwendet.

»Ein würziger kleiner Tropfen.«
»Ziemlich munter.«

Duft: Kaffee, Toffee, leicht scharf.

Geschmack: Etwas rauchig, scharf, süßlich, etwas sauer im Abgang.

Ardbeg

Islay

Alter bei der Abfüllung: Verschiedene Altersstufen, alles unabhängige Abfüllungen

Alkoholgehalt: Bei den meisten Abfüllungen 40%

Vor 1815, als die Brennerei offiziell eine Lizenz erhielt, wurde an diesem Ort schwarz gebrannt. Ardbeg ist durch die geschützte Lage, große Torfvorkommen, Gerste und gutes Wasser ein perfektes Beispiel für eine Inselbrennerei. Der Großteil des erzeugten Whiskys wurde für Blends verwendet, aber Ardbeg ist mittlerweile auch als Single Malt verschiedener unabhängiger Abfüller erhältlich. Momentan ist die Brennerei stillgelegt. Verkostet wurde eine 20 Jahre alte Abfüllung von Gordon & MacPhail.

»Haut einen um.«
»Der beste bei der Verkostung.«

Duft: Erdig, ölig, würzig, etwas verbrannt.

Geschmack: Kräftig, salzig, Holz, vielschichtig. Ein Whisky für echte Liebhaber.

Ardmore

Highlands (Speyside)

Alter bei der Abfüllung: Nur unabhängige Abfüllungen erhältlich

Alkoholgehalt: 18 Jahre – 59,3%

Ardmore, eine der größten Brennereien in Schottland, wurde von William Teacher in den 90er Jahren des 19. Jahrhunderts erbaut. Die Brennerei wurde in den 1950er Jahren erweitert und modernisiert und stellt den Whisky her, der für Teacher´s Blended Whisky verwendet wird. Alle erhältlichen Abfüllungen stammen von unabhängigen Abfüllern.

»Leicht und aufdringlich, aber ohne viel Substanz.«

Duft: Etwas rauchig.

Geschmack: Grasig, etwas stechend.

Auchentoshan

Ook-en-to-schen oder Och-en-tu-schen

Lowlands

Alter bei der Abfüllung: 10 Jahre, 21 Jahre

Alkoholgehalt: 10 Jahre – 40%, 21 Jahre – 43%

Die Ursprünge dieser Brennerei liegen etwas im Dunkeln. Die ersten Hinweise auf einen Besitzer gehen auf 1825 zurück. Nach der Zerstörung im Zweiten Weltkrieg wurde die Brennerei wieder aufgebaut und modernisiert. Sie liegt genau an der Grenze zwischen Lowlands und Highlands auf der Seite der Lowlands, verwendet aber Torf und Wasser der Highlands. Während Whisky üblicherweise zweimal destilliert wird, führt man in Auchentoshan einen dritten, zusätzlichen Brennvorgang durch. Der dabei entstehende sehr milde Whisky wird als Zusatz zu verschiedenen Blended Whiskys verwendet. Die Brennerei kann besichtigt werden. Die Verkostung bezieht sich auf eine 10 Jahre alte Abfüllung.

»Schmeckt teuer.«

Duft: Leicht, frisch, grasig, Zitrone.

Geschmack: Leicht, sauber, Zitrus, Honig, Vanille.

TRIPLE
DISTILLED
YRS 10 OLD
AUCHENTOSHAN
750 ml
40% Alc/Vol
LOWLAND
Single Malt
SCOTCH WHISKY

Aultmore

Highlands (Speyside)

Alter bei der Abfüllung: 12 Jahre

Alkoholgehalt: 43%

Aultmore, das Mitte der 50er Jahre des vorigen Jahrhunderts erbaut wurde, verfügte bis in die 70er Jahre dieses Jahrhunderts über dampfbetriebene Brennblasen. Dann verdoppelte man die Kapazität und modernisierte die Energieversorgung. Der ursprünglich Name »Oban and Aultmore-Glenlivet Distillery« wurde verkürzt, als man anhand einer Karte feststellte, daß Aultmore etwas weit vom namensgebenden Fluß entfernt war. Der Großteil der Produktion wird für Blends verwendet.

»Angenehm. Gefällt mir.«

Duft: Leicht, schwache Nase, leicht fruchtig.

Geschmack: Mild, trocken, eher einfach, angenehm.

PRODUCT OF SCOTLAND
BALBLAIR
Single Highland
Malt Scotch
Whisky
UNBLENDED
POT STILL
750ml
years old 10 years old
40%alc/vol
(80Proof)
TRADEMARK OF PROPRIETORS
Balblair Distillery Company Ltd
Edderton by Tain
SPECIALLY SELECTED, PRODUCED, MATURED & BOTTLED BY
AND UNDER THE RESPONSIBILITY OF
GORDON & MACPHAIL
ELGIN SCOTLAND REGD. BOTTLER

Balblair

Highlands (Speyside)

Alter bei der Abfüllung:
5 Jahre und 10 Jahre (15 Jahre aus unabhängiger Abfüllung)

Alkoholgehalt: 5 Jahre und 10 Jahre – 40%

Balblair ist eine der ältesten Brennereien in Schottland und entstand zwischen 1750 und 1790. Sie ist in einer Gegend gelegen, in der schon von je her wegen des nahen hervorragenden Torfs und Trinkwassers legal oder illegal Whisky gebrannt worden ist. Der Großteil des Balblair-Whiskys wird zum Verschneiden verwendet, wobei ein hoher Prozentsatz Ballantine´s Blended Scotch Whisky als Bestandteil dient. Die Verkostung bezieht sich auf eine 10 Jahre alte Abfüllung.

»Leicht trinkbar, etwas nussig.«

Duft: Rauchig, süß, nussig.

Geschmack: Sauber, etwas einfach, rauchiger Abgang.

Balvenie

Highlands (Speyside)

Alter bei der Abfüllung: 10 Jahre und 12 Jahre

Alkoholgehalt: 43%

Die Brennerei wurde in den 90er Jahren des 19. Jahrhunderts von William Grant unweit von Glenfiddich erbaut. Balvenie mälzt nach wie vor selber und teilt sich eine Dampfenergiequelle mit dem berühmteren Nachbarn, wahrscheinlich im Austausch gegen einige Fässer Balvenie. Die Verkostung bezieht sich auf eine 12 Jahre alte Abfüllung.

»Stark, intensiv, parfümiert.«

Duft: Blumig, feine Nase.

Geschmack: Starke Spuren von Honig, ein langer, vielschichtiger Abgang.

Ben Nevis

Western Highlands

Alter bei der Abfüllung: 19 Jahre, 26 Jahre

Alkoholgehalt: Schwankt von Faß zu Faß.

Ben Nevis wurde von »Long John« Macdonald im Jahre 1825 gegründet. Die Brennerei war über Generationen im Familienbesitz der Macdonalds, bis sie 1981 durch eine Tochter von Seager, Evans & Whitbread & Co. Ltd. aufgekauft wurde. Der Besitzerwechsel hörte auf, nachdem ein Säulenbranntgerät und vier weitere Brennblasen eingebaut wurden. Schließlich wurde Ben Nevis 1989 an das japanische Unternehmen Nikka verkauft.

»Ein außerordentliches Tröpfchen, hervorragend vor oder nach dem Dinner.«

Duft: Fruchtig und torfig.

Geschmack: Voll, nussig, erdig und torfig.

Benriach

Highlands

Alter bei der Abfüllung:
10 Jahre

Alkoholgehalt: 43%

Benriach, in den 90er Jahren des 19. Jahrhunderts gegründet, hatte nur ein kurzes Leben. Die Brennerei wurde 1900 stillgelegt und blieb mehr als ein halbes Jahrhundert außer Betrieb. 1965 nahm man sie wieder in Betrieb. Der Großteil der Produktion wird für Blends verwendet, und nur ein kleiner Teil geht in unabhängige Abfüllungen.

»Kräftig, aber leicht trinkbar.«

Duft: Fruchtig, würzig, scharf.

Geschmack: Süß, Pfirsich, Karamel, leichter Abgang.

BENRIACH DISTILLERY
EST.1898
A SINGLE
PURE HIGHLAND MALT
Scotch Whisky
Benriach Distillery, in the heart of the Highlands,
still malts its own barley. The resulting whisky has
a unique and attractive delicacy
PRODUCED AND BOTTLED BY THE
BENRIACH
DISTILLERY Co
ELGIN, MORAYSHIRE, SCOTLAND, IV30 3SJ
Distilled and Bottled in Scotland
PRODUCE OF SCOTLAND
AGED 10 YEARS
IMPORTED BY THE BENRIACH DISTILLING CO, NY, NY
750 ML. ALC. 43% BY VOL.

Benromach

Highlands (Speyside)

Alter bei der Abfüllung: 12 Jahre

Alkoholgehalt: 40%

Seit dem Gründungsjahr 1898 wechselte Benromach mehrere Male den Besitzer. 1983 legte DCL, der damalige Eigentümer, eine Reihe seiner Brennereien still, darunter auch Benromach. 1992 kaufte Gordon & MacPhail die Brennerei. Sie sollte im Herbst 1997 wieder ihren Betrieb aufnehmen. Benromach ist dafür bekannt, einen sauberen, mittel torfigen, leichteren Highlands-Whisky herzustellen. Die Verkostung bezieht sich auf eine 12 Jahre alte 40%-Abfüllung von Gordon & MacPhail.

»Guter, langer und würziger Abgang.«

Duft: Süß in der Nase, etwas rauchig und torfig.

Geschmack: Nussig, exotische Gewürze, Zimt.

Bladnoch

Lowlands

Alter bei der Abfüllung: Brennt nicht mehr. Verschiedene unabhängige Abfüllungen – 11 Jahre, 15 Jahre, 16 Jahre

Alkoholgehalt: 43%

Bladnoch, die südlichste Brennerei, wurde während ihrer langen Geschichte einige Male stillgelegt. Die endgültige Stillegung erfolgte 1992, seitdem wird der Betrieb als Fremdenverkehrszentrum genutzt. Wenn die letzten Lagerbestände verkauft sind, gibt es Bladnoch nicht mehr.

»Wie Butter, finde ich.«

Duft: Rauchig, Karamel, ölig.

Geschmack: Schwer, torfig, scharf, kräftig.

AGED
12
YEARS
1898
established
1898
established
BENROMACH
Single Speyside Malt
SCOTCH WHISKY
IMPORTED BY
JOHN GROSS & CO
BOTTLED BY THE PROPRIETORS GORDON AND MACPHAIL
BENROMACH DISTILLERY, FORRES, SCOTLAND
750ml
40%alc/vol
PRODUCT OF SCOTLAND

BOWMORE®
1779
ISLAY
ISLAY
Single Malt
SCOTCH WHISKY
Years 17 Old
750ml
43% ALC./VOL
DISTILLED AND BOTTLED IN SCOTLAND

Bowmore

Islay

Alter bei der Abfüllung: 10 Jahre, 12 Jahre, 15 Jahre, 17 Jahre, 21 Jahre, 22 Jahre, 25 Jahre und 30 Jahre, Legend (ohne Altersangabe)

Alkoholgehalt: 10 Jahre, 12 Jahre, Legend – 40%; 15 Jahre, 21 Jahre, 22 Jahre, 30 Jahre – 43%; 25 Jahre Black Bowmore (eine seltene Faßabfüllung) – 50%

Bowmore, die älteste Brennerei der Insel, wurde 1779 gegründet und war lange im Besitz von Morrison Bowmore Distillers, denen auch Auchentoshan und Glen Garioch gehören. 1997 wurde Bowmore an den japanischen Konzern Suntory verkauft. Vor diesem Verkauf ging bereits ein großer Anteil der Produktion nach Japan. Bowmore mälzt zum Großteil selbst. Die traditionellen Malzböden mit pagodenförmigen Belüftungen auf den Dächern haben jetzt einen neuen asiatischen Touch. Die Verkostung bezieht sich auf eine 17 Jahre alte Abfüllung.

»Hmm.« (Von zwei verschiedenen Verkostern geäußert.)

Duft: Moschus, erdig, nussiges Aroma. Schöne, kräftige Farbe.

Geschmack: Trocken, Holzkohle, maßvoll torfig, rauchig, leicht bitter, sehr komplex.

Brora

Highlands (Speyside)

Alter bei der Abfüllung: 18 Jahre alte Probe (Privatabfüllung)

Alkoholgehalt: 60,3%

Die Brennerei Brora wurde 1819 gegründet und befand sich in der Nähe des Kohleabbaugebietes Brora, das die Kohle zum Heizen in der Destillation lieferte. 1896 übernahm James Ainslie & Co. die Brennerei und baute sie knapp eine Meile vom ursprünglichen Standort wieder auf. Dann erwarb DCL einen Großteil der Aktien von Brora. Es entstand die Clynelish Distillery Co., und Brora bekam den Namen Clynelish (klien-liesch) (siehe Clynelish). 1925 übernahm DCL alle Anteile und baute eine neue Malt-Whisky-Brennerei in der Nähe von Clynelish mit dem Namen Brora, die bis 1968 betrieben wurde. Brora wurde 1983 geschlossen und in eine Touristenattraktion umgewandelt. Die Verkostung bezieht sich auf eine 18 Jahre alte Probe.

»Äußerst zusagend.«

Duft: Süß, Vanille.

Geschmack: Sauber, frisch, fruchtig.

Die hügeligen Highlands.

Bruichladdich

Bru-ich-läddi

Islay

Alter bei der Abfüllung: 10 Jahre, 15 Jahre, 21 Jahre

Alkoholgehalt: 10 und 15 Jahre – 40%, 21 Jahre – 43%

Bruichladdich wurde direkt am Meer erbaut und ist seit 1995 stillgelegt.
Die meisten Islay-Whiskys sind sehr schwer und torfig, Bruichladdich ist dagegen ein sehr viel leichterer Malt Whisky. Nach der Meinung einiger Fachleute liegt es daran, daß das Wasser für die Brennerei aus einem Reservoir im Binnenland stammt, das viel weicheres Wasser enthält. Die Verkostung bezieht sich auf eine 15 Jahre alte Abfüllung.

»Angenehm, glatt, sehr mild.«

Duft: Nussig, süß, leicht, etwas torfig.

Geschmack: Mild, rauchig, etwas süß, intensiv, kräftiger Abgang.

Bunnahabhain

Bun-a-ha-ven

Islay

Alter bei der Abfüllung: 12 Jahre und einige unabhängige Abfüllungen

Alkoholgehalt: 12 Jahre – 43%

Der Name Bunnahabhan bedeutet »Mündung des Flusses«. Diese Brennerei an der Nordostküste von Islay produziert einen moderat salzigen Islay-Whisky. Bunnahabhan wird im Blended Whisky The Famous Grouse verwendet.

»Richtig salzig und frisch, schmeckt wie das Meer. Sehr würzig im Abgang.«

Duft: Blumig und frisch, Spuren von Haselnuß und Erde.

Geschmack: Rauchig, Pfeffer, Spuren von Holz, eine ausgeprägte Kaffeenote.

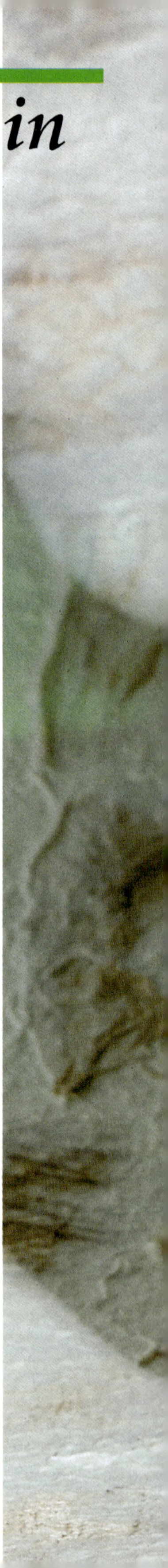

aged 12 years
"Westering Home"...
Bunnahabhain
SINGLE ISLAY MALT SCOTCH WHISKY
PRODUCT OF SCOTLAND
THE BUNNAHABHAIN DISTILLERY COMPANY,
BUNNAHABHAIN, ISLE OF ISLAY, SCOTLAND. BOTTLED IN SCOTLAND
Sole U.S.A. Distributor,
Rémy Amérique, Inc.,
New York, N.Y.
43% alc/vol
750 ml

Caol Ila

Kol-iel-a oder kal-iela

Islay

Alter bei der Abfüllung: 12 Jahre, 13 Jahre, 14 Jahre, 15 Jahre, 17 Jahre, 19 Jahre, 20 Jahre, 21 Jahre und diverse unabhängige Abfüllungen

Alkoholgehalt: 40%, 43% und 60%, je nach Alter

Caol Ila bedeutet »Klang der Insel«. Fast die gesamte Whiskyproduktion wird zum Verschneiden verwendet. Gelegentlich tauchen unabhängige Abfüllungen auf. (Die Verkostung bezieht sich auf eine 14 Jahre alte 40%-Abfüllung von Gordon & MacPhail.)

»Exzellente Ergänzung zu einer feinen kubanischen Zigarre.«

Duft: Erdig, torfig, etwas grasig.

Geschmack: Erdig, salzig, rauchig, langer Abgang.

Caperdonich

Highlands (Speyside)

Alter bei der Abfüllung: 16 Jahre

Alkoholgehalt: 40%

Die Brennerei, 1897 als Ableger von Glen Grant erbaut, hieß ursprünglich Glen Grant 2. Die Produktion des neuen Betriebs wurde bis zur Jahrhundertwende nach Glen Grant gepumpt. Nach der einstweiligen Stillegung 1965 wurde die Brennerei dann aber erweitert und unter dem neuen Namen Caperdonich wieder in Betrieb genommen. Der Großteil der Produktion ist in unabhängigen Abfüllungen erhältlich.

»Erinnert mich an Zuckerstangen.«

Duft: Schokolade, Karamel und Aroma von verbranntem Zucker.

Geschmack: Süß, holzig, etwas rauchig am Gaumen.

Cardhu

Kar-du

Highlands (Speyside)

Alter bei der Abfüllung: 12 Jahre

Alkoholgehalt: 40%

Cardhu ist eine alte Brennerei. Der gälische Name bedeutet »schwarzer Fels«. Die Brennerei wurde in den 1960er Jahren modernisiert. Der Großteil der Whiskyproduktion steckt in den Blended Whiskys Johnnie Walker Black und Red Label. Cardhu selbst ist hell in der Farbe und zeigt kaum Torfcharakter.

»Toller kleiner Scotch.«

Duft: Leicht, ein Hauch von Erde, Zitrus.

Geschmack: Frisch, lebhaft, etwas Holz und Rauch.

Clynelish

Klein-liesch

Northern Highlands

Alter bei der Abfüllung: 14 Jahre, 15 Jahre, diverse unabhängige Abfüllungen (verkostet wurde ein 12 Jahre alter Glen Haven)

Alkoholgehalt: 14 Jahre und 15 Jahre – 43%; unabhängige Abfüllungen schwanken im Alkoholgehalt; verkosteter 12 Jahre alter Glen Haven – 61%

Clynelish (siehe auch Brora) wurde ursprünglich 1819 als Brauerei gegründet und bald darauf zu einer Brennerei umfunktioniert. Die Brennerei hieß ursprünglich Brora, erhielt aber 1912 nach einem Besitzerwechsel den neuen Namen Clynelish. 1925 wurde in der Nachbarschaft eine neue Brennerei erbaut, die den alten Namen Brora erhielt. 1969 nahm Clynelish den Betrieb im alten Maischgebäude von Brora wieder auf. Die Produktion aus dem Maischgebäude wurde auf den Fässern als Brora gekennzeichnet, aber für Abfüllungen unter dem Namen Clynelish verkauft. Die Brennerei stellte den Betrieb im Mai 1983 ein und ist jetzt ein Fremdenverkehrszentrum.

»Mann, ist der intensiv.«
»Sehr stark, aber äußerst schmeichelnd.«
»Sehr explosiv.«

Duft: Torfig, medizinisch, rauchig.

Geschmack: Rauch, stark torfig.

Cragganmore

Highlands (Speyside)

Alter bei der Abfüllung: 12 Jahre

Alkoholgehalt: 40%

Die Brennerei wurde 1869 vom alten Hasen John Smith gegründet. Smith war Verwalter einiger Brennereien, darunter Macallan und Glenlivet, bevor er auf eigene Rechnung zu arbeiten begann. Die Brennerei machte als erste von einer nahen Eisenbahnanbindung Gebrauch. Vielleicht war dies einer der Gründe, warum man einen Großteil der Produktion immer zum Verschneiden verwendete. In den letzten Jahren wurde dieser Whisky Teil der United Distillers´ Classic Malts und ist als solcher jetzt verbreitet erhältlich. Die Brennblasen entsprechen immer noch der traditionellen Bauweise.

»Stark, aber ich mag ihn.«

Duft: Trocken, etwas scharf, rauchig, Spur von Obst.

Geschmack: Mittelschwerer bis schwerer Körper, lang, würzig, etwas Vanille.

MALT
The Best of Speysid
RAGGANMO
SINGLE HIGHLAND
AGED 12 YEARS
Scotch Whisky
SOLE DISTRIBUTOR IN USA,
SCHIEFFELIN & SOMERSET CO.
NEW YORK, N.Y.
PRODUCT OF SCOTLAND
SPECIALLY BOTTLED IN SCOTLAND FOR THE
RAGGANMORE DISTILLERY, BALLINDALLOCH,
RARE

Dallas Dhu

Highlands (Speyside)

Alter bei der Abfüllung: 10 Jahre, 12 Jahre, 17 Jahre, 20 Jahre, 30 Jahre (alles unabhängige Abfüllungen)

Alkoholgehalt: Verschieden stark

Die Brennerei wird nicht mehr kommerziell betrieben und dient heute als Touristenattraktion. Der Besuch soll den Touristen zeigen, wie das Leben um die Jahrhundertwende aussah. Verschiedene unabhängige Abfüllungen aus alten Fässern sind erhältlich, allerdings nicht überall. Die Verkostung bezieht sich auf eine 12 Jahre alte Abfüllung.

»Wirklich kräftig und interessant.«

Duft: Scharf, ölig, nussig, erdig, Pilze.

Geschmack: Erdig, Holz, wie Sirup im Mund, Kümmel, Zitrus, intensiv.

750ml
PRODUCT OF SCOTLAND
40%alc/vol
(80Proof)
DALLAS DHU
SINGLE HIGHLAND
MALT SCOTCH
WHISKY
UNBLENDED
POT STILL
12
BOTTLED BY
GORDON & MACPHAIL
ELGIN·SCOTLAND

Dalmore

Highlands (Speyside)

Alter bei der Abfüllung: 12 Jahre

Alkoholgehalt: 40%, verschiedene unabhängige Abfüllungen mit schwankendem Alkoholgehalt

Diese Brennerei wurde 1839 gegründet und war ununterbrochen bis zumErsten Weltkrieg in Betrieb. Dann wurde der Betrieb zur Produktion von Seeminen umgerüstet. Auch nach der Modernisierung 1966 benutzt die Brennerei noch einige Brennblasen aus dem Jahre 1874. Der Großteil der Produktion wird für Blends verwendet.

»Sehr schöner Whisky.«

Duft: Weich, fruchtig, leichte Nase.

Geschmack: Voll, etwas Pfirsich, mild, kräftiger Abgang.

Dalwhinnie

Highlands

Alter bei der Abfüllung: 15 Jahre

Alkoholgehalt: 43%

Dalwhinnie – das bedeutet im Gälischen »Versammlungsplatz« – liegt an einer Eisenbahnstrecke, verfügt über reichlich Torf und Trinkwasser und ist die höchstgelegene Brennerei in Schottland. Sie wurde 1897 gegründet und überstand eine Reihe von Bankrotten, Übernahmen und Bränden, bis sie sich schließlich 1938 stabilisierte. Der Großteil der Produktion wird zum Verschneiden verwendet. Dieser Malt Whisky ist jetzt auch in der Serie Classic Malts erhältlich.

»Sauber, sehr frisch.«

Duft: Leicht, frisch, eine Spur von Torf.

Geschmack: Leicht süß, blumig, Honiggeschmack, mittlere Länge.

Deanston

Southern Highlands

Alter bei der Abfüllung: 12 Jahre, 17 Jahre, 25 Jahre, diverse unabhängige Abfüllungen

Alkoholgehalt: 12 Jahre, 17 Jahre und 25 Jahre – 40%

Deanston wurde 1965 gegründet und ist damit eine relativ junge Brennerei. Sie liegt auf dem Grundstück einer ehemaligen Textilfabrik und trägt den Namen einer benachbarten Stadt. Die neuen Besitzer verwenden ungetorfte Gerste. Die Verkostung bezieht sich auf eine 17 Jahre alte Abfüllung.

»Steigt sehr leicht in den Kopf.«

Duft: Nussig und Vanillearoma.

Geschmack: Rauchig, mitteltorfig, nussig, süßlicher Abgang.

SCOTCH WHISKY
THE DEANSTON
Single Highland Malt
17
YEAR OLD The Deanston SINGLE HIGHLAND MALT whisky has a smooth, lightly peated, medium flavour which is easy on the palate and leaves a pleasant sweet after-taste. The UNIQUE character is derived from the waters of the RIVER TEITH whose source is high up in the TROSSACHS
750ml
PRODUCED and BOTTLED in SCOTLAND

Dufftown-Glenlivet

Highlands (Speyside)

Alter bei der Abfüllung: 12 Jahre, diverse unabhängige Abfüllungen

Alkoholgehalt: 43%, diverse unabhängige Abfüllungen mit schwankendem Alkoholgehalt

Die Stadt Dufftown steht schon seit langer Zeit in dem Ruf, einige der feinsten Whiskys in Schottland herzustellen. Dufftown-Glenlivet ist eine der vielen Brennereien in der Gegend, die sich verpflichtet fühlten, ihrem Namen Glenlivet hinzuzufügen. Die Brennerei wurde 1887 gegründet und 1933 vom berühmten Blend-Produzenten Arthur Bell & Sons aufgekauft. Seitdem wird der Großteil des Whiskys in einer Reihe von Bell's Blends verwendet. 1974 errichtete Bell eine Tochterbrennerei in Dufftown mit dem Namen Pittvaich-Glenlivet. Dahinter stand der Gedanke, die Produktion zu steigern, ohne Kompromisse in der Qualität einzugehen – eine bemerkenswerte Einstellung. Die neue Brennerei kopierte die Brennblasen von Dufftown-Glenlivet bis in die kleinste Einzelheit. Die Verkostung bezieht sich auf eine 12 Jahre alte Abfüllung.

»Schmeckt vertraut, wie perfekter Scotch.«

Duft: Fruchtig, mit Apfel- und Birnennoten.

Geschmack: Leicht, sauber, frisch, etwas blumig.

Glenfiddich

THE EDRADOUR
Aged 10 years
THE EDRADOUR
EST. 1825
The smallest distillery in Scotland
750ml
43% ALC/VOL
Single Highland Malt Scotch Whisky
GLENFORRES-GLENLIVET DISTILLERY CO. LTD.
EDRADOUR DISTILLERY, PITLOCHRY, SCOTLAND
PRODUCT OF SCOTLAND

The Edradour

Highlands (Speyside)

Alter bei der Abfüllung: 10 Jahre, diverse unabhängige Abfüllungen

Alkoholgehalt: 10 Jahre – 43%; diverse unabhängige Abfüllungen mit schwankendem Alkoholgehalt

Edradour, die kleinste Brennerei in Schottland, wird noch wie im 19. Jahrhundert betrieben. Der gesamte Ablauf wird von vier Männern durchgeführt, und fast alles wird von Hand erledigt. Besichtigungen müssen angemeldet werden. Wenn Sie eine Reise in die Vergangenheit antreten wollen, sollten Sie Edradour besuchen.

»Mild und würzig, Abgang nicht sehr explosiv.«

Duft: Würzig, scharf, erdige Nase.

Geschmack: Pfeffer, torfig, rauchig, Spuren von Tabak und Karamel.

Glen Garioch

Glen-gie-rie

Eastern Highlands

Alter bei der Abfüllung: 12 Jahre, 15 Jahre, 21 Jahre

Alkoholgehalt: 12 Jahre – 40%; alle anderen 43%

Glen Garioch ist eine der ältesten Brennereien in Schottland, ihre Aufzeichnungen reichen bis 1785 zurück. Glen Garioch verfügt über reichlich Torf und Trinkwasser und verwendet die Abwärme aus dem Mälz- und Destillierverfahren zum Heizen von Tomatentreibhäusern auf dem Anwesen. Ein Teil der Whiskyproduktion findet sich in Vat 69 und anderen Blended Whiskys wieder. Die Verkostung bezieht sich auf eine 12 Jahre alte Abfüllung.

»Torfig und angenehm.«

Duft: Blumig und rauchig, angenehme Aromen.

Geschmack: Pfeffer, ein Hauch von Nelken, etwas Torf und Rauch.

AGED FIFTEEN YEARS
GLEN®
GARIOCH
HIGHLAND
Single Malt
SCOTCH WHISKY
DISTILLED & BOTTLED IN SCOTLAND
MORRISON'S GLEN GARIOCH DISTILLERY
43% Alc/

Glen Grant

Highlands (Speyside)

Alter bei der Abfüllung: 5 Jahre und 10 Jahre; wenige unabhängige Abfüllungen – 12 Jahre, 21 Jahre, 25 Jahre, 30 Jahre und 40 Jahre

Alkoholgehalt: 5 Jahre – 40%; 10 Jahre – 43%

Glen Grant seit seiner Gründung 1840 ziemlich erfolgreich. Mit Ausnahme einer kurzen Zeit um die Jahrhundertwende hat die Brennerei kontinuierlich expandiert und produziert das ganze Jahr über Whisky. Glen Grant ist sehr beliebt in Italien, anderswo hingegen kaum zu bekommen. Der Whisky ist in verschiedenen unabhängigen Abfüllungen mit verschiedenen Alkoholgehalten und Altersstufen erhältlich. Die Verkostung bezieht sich auf eine 5 Jahre alte Abfüllung.

»Mein absoluter Favorit.«

Duft: Leichte, fruchtige Aromen.

Geschmack: Leicht süßlich, sehr trocken.

FROM THE HEATH COVERED
YEARS
30
OLD
MOUNTAINS OF SCOTIA I COME
HIGHLAND
WHISKY
MALT SCOTCH
PRODUCE OF SCOTLAND.
GLEN GRANT
DISTILLED & BOTTLED IN SCOTLAND
750ml
ESTABLISHED
1840
40%alc/vol
(80Proof)
J & J. GRANT
OF
GLEN GRANT
DISTILLERY
Bottled by
GORDON & MACPHAIL
Wine & Spirit Merchants,
Elgin.

Glen Keith

Highlands (Speyside)

Alter bei der Abfüllung: 10 Jahre

Alkoholgehalt: 43%

Glen Keith ist die erste neugegründete Brennerei im Schottland des 20. Jahrhunderts und auch eine der modernsten. Die Brennblasen der Brennerei sind gas- und nicht kohlegefeuert, die Produktion ist vollständig computergesteuert. Der Großteil der Erzeugung wird von Chivas Brothers zum Verschneiden verwendet. Ein Teil ist als Seagram-Abfüllung erhältlich.

»Köstlich.«

Duft: Nussig, ölig, etwas Eiche.

Geschmack: Sanft, mild, Zitrus, kräftiger Abgang.

PRODUCE OF SCOTLAND
GLENKEITH
SINGLE HIGHLAND MALT
SCOTCH WHISKY
Distilled before
1983
750 ML.
ALC. 43%
BY VOL.
The pool of the Salmon*
IMPORTED BY THE GLEN KEITH DISTILLING CO, NY, NY
BOTTLED IN SCOTLAND

Glen Ord

Northern Highlands

Alter bei der Abfüllung: 12 Jahre (gelegentlich auch unabhängige Abfüllungen)

Alkoholgehalt: 40%

Anfang des 19. Jahrhunderts gab es in Schottland bereits zahlreiche Brennereien. Die erste Lizenz wurde jedoch erst 1824 an Glenlivet, ebenfalls in den Highlands ansässig, vergeben. Die anschließende Welle der Legalisierung führte viele Schwarzbrennereien auf den Pfad der Tugend. Stillgelegte Betriebe erhielten eine Lizenz und wurden zur Neuproduktion umgerüstet. Glen Ord zum Beispiel wurde über einer ehemaligen Schwarzbrennerei errichtet und bekam 1838 eine Lizenz. Noch bis in die 1960er Jahre wurde die Brennerei mit Wasserkraft betrieben. Heute ist Glen Ord ein ziemlich großer Betrieb. Die Brennerei mischt Heidekraut in den Torf, der beim Trocknen verwendet wird.

»Kühl und mild, leicht zu trinken.«

Duft: Nussig, grasig, ein Hauch blumig.

Geschmack: Leicht, Zitrus, Pfirsich, sehr trockener Abgang.

NORTHERN Est HIGHLAND
1838
MALT
SCOTCH WHISKY
GLEN
ORD
SINGLE MALT
Aged 12 Years
PRODUCED IN SCOTLAND
GLEN ORD DISTILLERY
JOHN DEWAR & SONS
PERTH, SCOTLAND
Glen Ord embodies all the virtues of the Clan MacKenzie motto – 'I shine not burn'
I shine not burn
40% ALC/VOL
750 ml

THE GLENROTHES
SINGLE SPEYSIDE
THE GLENROTHES DISTILLERY
SAMPLE ROOM
CHARACTER: Delicate, peaty undertones.
CHECKED: J. C. Stevens DATE: 4/7/84.
APPROVED: DATE: 8.9.95.
DISTILLED
1979
Distilled and Bottled in Scotland. Berry Bros. & Rudd Ltd, 3 St James's Street, London.
43% Alc./Vol.
SCOTCH WHISKY
PRODUCT OF SCOTLAND

Glen Rothes

Highlands (Speyside)

Alter bei der Abfüllung: 15 Jahre und diverse unabhängige Abfüllungen

Alkoholgehalt: 15 Jahre – 43%, diverse unabhängige Abfüllungen mit schwankendem Alkoholgehalt

Fast die gesamte Produktion von Glen Rothes wird für die Blended Whiskys Famous Grouse und Cutty Sark verwendet. Die Brennerei ist wirtschaftlich sehr bedeutend und erzeugt 4,5 Millionen Liter Whisky im Jahr.

»Eine Offenbarung.«
»Mein Favorit.«
»Ein Whisky mit tiefem, komplexem Geruch und Geschmack.«

Duft: Komplex, würzig, leicht torfig, nussig.

Geschmack: Karamel, Butter, Vanille, süß, rauchiger Abgang.

Glen Scotia

Glen-sko-scha

Campbeltown

Alter bei der Abfüllung: 8 Jahre, 12 Jahre, 14 Jahre, 17 Jahre und unabhängige Abfüllungen mit verschiedenen Altersstufen und Alkoholgehalten

Alkoholgehalt: 12 Jahre – 43%, alle anderen Altersstufen – 40%

Im 19. Jahrhundert verfügte diese Stadt über die dichteste Ansammlung von Brennereien in ganz Schottland. Heute erzeugen nur mehr zwei Brennereien Whisky. Da die Brennereien lange Zeit viel mittelmäßigen Whisky erzeugten, wurde der Name Campbeltown mit minderwertiger Produktqualität in Verbindung gebracht, und die Welt des Whiskys ist nun mal eine elitäre Gesellschaft. In den letzten 100 Jahren wurde die Brennerei einige Male stillgelegt und wieder in Betrieb genommen. Seit 1994 ist Glen Scotia abermals geschlossen. Gerüchte besagen, daß die Brennerei verhext sei. (Die Verkostung bezieht sich auf eine 21 Jahre alte Probe mit 40% Alkoholgehalt).

»Steigt schnell in den Kopf.«

Duft: Süß, fruchtig, blumig.

Geschmack: Schwer, ölig, torfig, fett.

Years 12 old
e Malt Scotch Whisky
Glen Scotia
cotia Distillery Campbeltown Argyll
Established 1835
JOHN GROSS & CO. Baltimore, MD.
Bottled in Scotland
d & Bottled by Glen Scotia Single Malt Distillery

THE GLENDRONACH DISTILLERY Cº LIMITED
PRODUCE OF SCOTLAND
LICENSED SINCE 1826
Forgue by Huntly Aberdeenshire, Scotland
bottled in Scotland by the proprietor
The GLENDRONACH
100% MATURED IN SHERRY CASKS
Single Highland Malt
Scotch Whisky
AGED 15 YEARS
40% alc./vol.
750ml

Glendronach

Highlands (Speyside)

Alter bei der Abfüllung: 12 Jahre, 18 Jahre, 20 Jahre. Auch unterschieden durch Faßart: traditionelle Abfüllungen aus Sherry- und Eichenfässer, andere nur aus Sherryfässern.

Alkoholgehalt: 10 Jahre – 40%; diverse unabhängige Abfüllungen mit schwankendem Alkoholgehalt

Traditionelle Verfahren wie Malzböden, kohlebefeuerte Brennblasen etc. überwiegen, auch wenn die Brennerei in den späten 1960er Jahren erweitert und modernisiert wurde. Ein großer Teil des Whiskys wird in Teacher´s Blended Whisky verwendet. Die Verkostung bezieht sich auf eine 12 Jahre alte Probe aus dem Sherryfaß.

»Ein glänzender Scotch. Sehr fein und rund.«

Duft: Fruchtig, süß, nussig, Zitronen-/Orangenschale.

Geschmack: Toffee, Kaffee, rauchig, Karamelabgang. Ein gutes Beispiel dafür, wie stark das Faß den Whiskycharakter beeinflussen kann.

Glenfarclas

Highlands (Speyside)

Alter bei der Abfüllung: 10 Jahre, 12 Jahre, 15 Jahre, 21 Jahre, 25 Jahre, »105« (Faßstärke)

Alkoholgehalt: 10 Jahre – 40%; 21, 21 und 25 Jahre – 43%; 15 Jahre – 46%; Faßstärke – 60%

Seit fünf Generationen befindet sich diese Brennerei im Besitz der Familie Grant. Glenfarclas wurde zweimal, in den 1960er und in den 1980er Jahren, modernisiert und ist heute ein großer, moderner Betrieb – und wirklich einen Besuch wert. Glenfarclas war die erste Brennerei, die Whisky in Faßstärke abfüllte. Damit schuf sie einen Trend, der für Single-Malt-Fans zum Muß wurde. Glenfarclas läßt jetzt alle Whiskys ausschließlich in Sherryfässern reifen.

25 Jahre: »Köstlich und bedeutend.«

Duft: 12 Jahre – nussig, grasig; 17 Jahre – blumig, nussig, grasig; 21 Jahre – fruchtig, süß, Vanille, nussig; 25 Jahre – fruchtig, ölig, erdig, nussig; 105 Jahre – scharf, intensiv, würzig

Geschmack: 12 Jahre – süß, leicht, einfach, 17 Jahre – scharf, sehr lang, Holz, etwas rauchig; 21 Jahre – rauchig, ziemlich holzig, fleischig, erdig, dunkle Töne; 25 Jahre – süß, Karamel, Toffee, Vanille, Tabak, rauchig, sehr mild; 105 Jahre – scharf, würzig, Pfeffer, trocken. Perfekte Beispiele für Charaktereigenschaften, die mit dem Alter zusammenhängen. Manche lieben die Frische und das Stechende von jüngeren Whiskys, andere wiederum die Intensität des starken Alkoholgehalts, und wieder andere mögen die Cognac- oder Madeira-Töne, die mit sehr alten Whiskys verbunden sind.

Glengoyne

Southern Highlands

Alter bei der Abfüllung: 10 Jahre, 12 Jahre, 17 Jahre, 25 Jahre

Alkoholgehalt: 10 Jahre – 40% und 43%; 12 Jahre und 17 Jahre – 43%; 25 Jahre – 47%

Glengoyne liegt direkt an der imaginären Grenze zwischen Highlands und Lowlands. Nach über 100 Jahren im Besitz und unter der Leitung der Familie Lang wurde die Brennerei 1965 von Robertson & Baxter erworben und komplett modernisiert. Der Whisky wird aus ungetorftem Malz und torffreiem Wasser hergestellt. Wahrscheinlich ist dieser Whisky der am wenigsten torfige aller Single Malts. Mit zunehmenden Alter werden die Whiskys dunkler und in der Nase und am Gaumen vielschichtiger und komplexer. Ein großer Teil des Whiskys wird zum Verschneiden verwendet. Der Sage nach soll sich Rob Roy vor seinen Häschern in einem hohlen Baum in der Nähe verborgen haben.

»Ein Whisky mit einem sehr angenehmen Gefühl.«

Duft: 10 Jahre – sehr leicht, frisch, sauber, eine Spur von Minze und Obst; 17 Jahre – blumig, fruchtig, nussig.

Geschmack: 10 Jahre – etwas süß, leicht, Zitrus, etwas Pfeffer im Abgang; 17 Jahre – süß, Karamel, Vanille, Holz im Abgang.

YEARS OLD
10
THE UNPEATED MALT
FROM THE SOUTHERN HIGHLANDS
PRODUCT OF SCOTLAND
GLENGOYNE
SINGLE HIGHLAND MALT
SCOTCH WHISKY
DISTILLED MATURED & BOTTLED BY
LANG BROTHERS LIMITED
DUMGOYNE SCOTLAND
THE OLD 'GLEN GUIN'
In the quiet, secluded glen beneath the Hill of Dumgoyne, GLENGOYNE DISTILLERY captures the essence of the soft air and the cool Glengoyne burn water that flows into Loch Lomond to craft this unpeated malt Scotch whisky.
750ml
43% alc/vol
This malt whisky is 10 years old
IMPORTS COMPANY
NEW YORK N.Y.
SOLE DISTRIBUTOR IN U.S.A.
SINCE
1833

Glenkinchie

Glen-kin-tschi

Lowlands

Alter bei der Abfüllung:
10 Jahre

Alkoholgehalt: 40%

Bis 1989 wurde die gesamte Produktion von Glenkinchie zum Verschneiden verwendet. Dann kam eine 10 Jahre alte Abfüllung auf den Markt. Dieser Malt ist ein wichtiger Bestandteil der Blended Whiskys der Familie Haig, wovon Haig und Haig Pinch in den USA am bekanntesten sind. Glenkinchie ist ein trockener, leichter, blumiger Whisky im beispielhaften Lowlands-Stil. Die Brennerei hat ein sehr interessantes Museum und Besucherzentrum.

»Fröhlich, sanft, ansprechend.«

Duft: Würzig, etwas scharf, sauber.

Geschmack: Mittelschwer, würzig, Karamel, Vanille, trockenes Gefühl im Mund.

The GLENLIVET
The GLENLIVET
AGED 18 YEARS
Pure Single Malt
Scotch Whisky
PRODUCT OF SCOTLAND
"UNHURRIED SINCE 1824"
Selected from exceptional casks which have matured at the Glenlivet Distillery for more than eighteen unhurried years, this is a whisky of special maturity & charm
Distilled in Scotland by
GEORGE & J.G. SMITH LTD.
THE GLENLIVET DISTILLERY
IMPORTED BY THE GLENLIVET DISTILLING COMPANY N.Y., N.Y.

The Glenlivet

Highlands (Speyside)

Alter bei der Abfüllung: 12 Jahre, 18 Jahre, 21 Jahre; diverse unabhängige Abfüllungen sowie spezielle Sammlerabfüllungen der Brennerei

Alkoholgehalt: 12 Jahre – 40%; 18 Jahre und 21 Jahre – 43%

Wohl der bekannteste Single Malt Whisky. The Glenlivet wurde 1824 gegründet und war in Schottland die erste Brennerei mit einer Lizenz. Aufgrund des effizienten Betriebs und der hohen Produktqualität wurde er seit den 60er Jahren des 19. Jahrhunderts exportiert. Da er einen so guten Ruf hatte, nahmen andere Brennereien am Livet den Namen Glenlivet an. Ende des 19. Jahrhunderts zogen die Eigentümer vor Gericht und erhielten das Recht, als einzige den Namen The Glenlivet zu tragen. Andere Brennereien in der Gegend dürfen den Namen Glenlivet als Beinamen in Zusammensetzungen wie Longmorn-Glenlivet verwenden.

»Schön anzusehen, sehr, sehr mild – rundum hervorragend.«

Duft: 12 Jahre – ölig, fruchtig, blumig, leicht parfümiert; 18 Jahre – torfig, etwas scharf, nussig, Honig, Vanille.

Geschmack: 12 Jahre – süß, fruchtig, etwas rauchig, Karamel im Abgang; 18 Jahre – rauchig, Holz, Kaffee, Tabak, langer, vielschichtiger Abgang, leicht würzig.

Glenlossie

Highlands (Speyside)

ALTER BEI DER ABFÜLLUNG: 10 Jahre

ALKOHOLGEHALT: 40%

Die Brennerei wurde 1876 erbaut und 1919 von Scottish Malt Distillers Ltd. übernommen. Heute ist sie im Besitz von United Distillers. Der Großteil der Produktion wird zum Verschneiden verwendet, aber es sind auch Single Malts erhältlich.

»Passend für einen Schluck nach dem Abendessen – ziemlich leicht.«

DUFT: Parfümiert und grasig.

GESCHMACK: Nussig und mild mit etwas Obst.

Glenmorangie

Glen-mur-än-dschi

Northern Highlands

Alter bei der Abfüllung: 10 Jahre, 12 Jahre, 18 Jahre

Alkoholgehalt: 10 Jahre – 40%; 18 Jahre – 43%; 12 Jahre – 56,5%

Der Legende nach soll am Standort von Glenmorangie seit dem Mittelalter Alkoholisches gebraut worden sein. Die Brennerei war ebenfalls für einige technische Weiterentwicklungen durch innovative Brennblasenkonstruktionen bekannt. Erhältlich ist eine Reihe von 12 Jahre alten Whiskys aus verschiedenen Fässern (Sherry, Port und Madeira). Die parallele Verkostung dieser Whiskys war sehr interessant.
Die Verkostungsergebnisse beziehen sich auf einen 18 Jahre alten Whisky.

»Große Klasse. Muskulös, aber grazil.«

Duft: Nussig, blumige Anklänge, ölig.

Geschmack: Rauchig, Kaffee, Tabak, ein Hauch von Salz im Abgang, vollmundiger Geschmack.

Glenturret

Southern Highlands

Alter bei der Abfüllung: 12 Jahre, 15 Jahre, 18 Jahre

Alkoholgehalt: 2 Jahre – 40%; 15 Jahre – 50%; 18 Jahre – 40%

Glenturret und Edradour machen sich nach wie vor den Rang der kleinsten Brennerei Schottlands streitig. Glenturret wurde 1775 gegründet und 1959 aufgekauft. Unter der geschickten Unternehmensführung von James Fairlie sind im Laufe der Jahre zahlreiche preisgekrönte Whiskys erzeugt worden. 1981 wurde Glenturret vom französischen Likörerzeuger Cointreau SA und 1990 von der Highlands Distilleries Co. übernommen. Die Verkostung bezieht sich auf einen 12 Jahre alten Tropfen.

»Sehr cremig.« »Mild im Abgang.«

Duft: Torfig, grasig und voller Körper.

Geschmack: Cremig und vollmundig.

HIGHLAND PARK
SINGLE MALT SCOTCH WHISKY
ORKNEY ISLANDS
PRODUCT OF SCOTLAND

Highland Park

Orkney

Alter bei der Abfüllung: 12 Jahre; viele unabhängige Abfüllungen

Alkoholgehalt: 12 Jahre – 40%; unabhängige Abfüllungen mit schwankendem Alkoholgehalt

Highland Park steht auf dem ehemaligen Standort der Schwarzbrennerei von Magnus Eunson. Eunson war auch der Ortsprediger und entging den Steuerbehörden, indem er seinen Whisky in diversen, einfallsreichen Verstecken aufbewahrte. Einige behaupten, daß die Brennerei bereits seit den 90er Jahren des 18. Jahrhunderts betrieben wurde, bevor sie 1824 die offizielle Lizenz als Brennerei erhielt. Der Torf, den man zum Malzen der Gerste verwendet, wird vor Ort gewonnen und mit Heidekraut gemischt. Dies soll dem Whisky eine besondere Note verleihen. Die Verkostung bezieht sich auf eine 12 Jahre alte 43%ige Brennereiabfüllung.

»Gefällt mir!!!«

Duft: Nussig, etwas ölig, torfig.

Geschmack: Rauchig, Karamel, Obst (Pfirsich und Zitrus), eine Spur Salz, langer Abgang.

Imperial

Highlands (Speyside)

Alter bei der Abfüllung: Nur unabhängige Abfüllungen erhältlich

Alkoholgehalt: Schwankend

Imperial war Teil der Gruppe Dailuaine and Talisker. Die Brennerei wurde im Laufe des letzten Jahrhunderts mehrere Male stillgelegt und wieder in Betrieb genommen. Der Whisky wird ausschließlich zum Verschneiden verwendet. Manchmal taucht eine unabhängige Abfüllung auf.

»Sehr leicht zu trinken, nicht sehr explosiv.«

Duft: Würzig, etwas nussig.

Geschmack: Ein Hauch von Vanille.

Inchgower

Highlands (Speyside)

Alter bei der Abfüllung: 14 Jahre

Alkoholgehalt: 43%

Die Tochineal Distillery, 1824 an der Mündung des Flusses Spey erbaut, war der Vorgänger der heutigen Brennerei Inchgower. 1936 zog die Brennerei an einen küstennahen Standort, um expandieren zu können und eine zuverlässigere Wasserquelle zur Verfügung zu haben. Inchgower wurde von Arthur Bell & Sons übernommen, der wiederum Teil von United Distillers wurde.

»Perfekt als Digestif nach dem Abendessen.«

Duft: Kräftig nach Vanille.

Geschmack: Butter, süß.

By Appointment to Her Majesty The Queen
Wine Merchants. Justerini & Brooks Ltd.
61 St. James's Street, London SW1. England
KNOCKANDO
AGED 12 YEARS
PURE SINGLE MALT
SCOTCH WHISKY
DISTILLED AND BOTTLED IN SCOTLAND BY
JUSTERINI & BROOKS
St. James's Street, London S.W.1
750 ml 43% Alc. by Vol.
PRODUCT OF SCOTLAND
SEASON OF DISTILLATION
1982

Knockando

Highlands (Speyside)

Alter bei der Abfüllung: 12 Jahre, 15 Jahre, 18 Jahre, 21 Jahre

Alkoholgehalt: 12 Jahre und 15 Jahre – 40%; 18 und 21 Jahre – 43%

Diese Brennerei nahm 1904 wieder den Betrieb auf und wurde 1952 von den J&B-Produzenten übernommen. Ein Großteil des Whiskys wird zum Verschneiden verwendet, aber die Brennerei hat relativ große Kapazitäten, so daß der Whisky auch als Pure Single Malt leicht zu finden ist. Der Whisky wird nicht nach einer bestimmten Anzahl von Jahren abgefüllt, sondern wenn der Betriebsleiter das Gefühl hat, daß er optimal ist. Die Flasche verrät sowohl das Datum der Destillation als auch das Datum der Abfüllung. Ebenfalls erhältlich ist »Extra Old Reserve« – 21 years, obwohl dieser manchmal älter als 21 Jahre alt ist. Ein Whisky, der sein Alter beschönigt ...

»Weich und leicht.«

Duft: Würzig, nussig und etwas scharf in der Nase.

Geschmack: Leicht, Pfeffer, sauberer Abgang.

Lagavulin

La-ga-vuh-lin oder Lagga-vuhlin

Islay

Alter bei der Abfüllung: 10 Jahre, 15 Jahre, 16 Jahre

Alkoholgehalt: 10 Jahre – 40%; 15 Jahre – 64,4%; 16 Jahre – 43%

Angeblich soll hier bereits 1742 gebrannt worden sein. Die Brennerei, die jetzt als Lagavulin bekannt ist, wurde während der ersten Hälfte des 19. Jahrhunderts erbaut, vermutlich in den 20er Jahren. Der Großteil des Whiskys wird zum Verschneiden verwendet. In früheren Jahren bildete der Löwenanteil der Produktion von Lagavulin die Basis für den Blended Whisky White Horse. Die Verkostung bezieht sich auf eine 16 Jahre alte Abfüllung.

»Erinnert mich an das Meer.«

Duft: Torf, Jod, blumig.

Geschmack: Rauchig, sehr torfig, salzig, vollmundig.

BY APPOINTMENT TO
HER MAJESTY THE QUEEN
SCOTCH WHISKY DISTILLERS
HORSE DISTILLERS LTD GLASGOW
ISLA
AGAVULIN
DISTILLERY
STD 1816 ISLA
REGISTERED
AVULIN
LAY MALT WHISKY
16 YEARS
CH WHISKY
rocky falls, steeped in mountain air and
and matured in oak casks exposed to the sea
and smoky character. Time, say the Islanders,
IRE but LEAVES IN THE WARMTH
UINABHAL" – By William Black

Laphroaig

La-froig

Northern Highlands

Alter bei der Abfüllung: 10 Jahre und 15 Jahre

Alkoholgehalt: 10 Jahre – 40%; 15 Jahre – 43%

Die Brennerei wurde um 1820 erbaut und erzeugt sehr eigenwillige Whiskys. Es wird behauptet, daß die Nähe zum Meer dem Whisky einen ausgeprägt salzigen Charakter verleiht. Viele Hersteller sind der Meinung, daß der Austausch zwischen salziger Luft und Whisky im Faß diesen einzigartigen Geschmack hervorruft. Die Produzenten von Laphroaig glauben, daß der hohe Moosanteil im Torf, der beim Mälzen zum Einsatz kommt, dem Whisky zu seinem eigenwilligen Geschmack verhilft. Eine weitere bemerkenswerte Anekdote, die diese Brennerei so einzigartig macht: 1954 hinterließ der Besitzer die Brennerei seiner Sekretärin Bessie Williamson. Sie führte das Unternehmen erfolgreich, bis sie sich im Jahre 1972 zur Ruhe setzte.

»Ein Whisky, an dem sich die Geister scheiden.«

Duft: 10 Jahre – torfig, rauchig, Medizin; 15 Jahre – Medizin, torfig, Zitrus

Geschmack: 10 Jahre – Jod, rauchig, stark ausgeprägter Salzgeschmack, scharfer Abgang; 15 Jahre – leicht süß, Pfeffer, rauchig, langer süß-saurer Abgang.

LAPHROAIG
Years 10 Old
BOTTLED IN SCOTLAND
LAPHROAIG®
SINGLE ISLAY MALT
SCOTCH WHISKY
10
Years Old
The most richly flavoured of
all Scotch whiskies
ESTABLISHED
1815
DISTILLED AND BOTTLED IN SCOTLAND BY
D. JOHNSTON & CO., (LAPHROAIG), LAPHROAIG DISTILLERY, ISLE OF ISLAY.
PRODUCT OF SCOTLAND
750ml
43% alc/vol

Linkwood

Highlands (Speyside)

Alter bei der Abfüllung: 12 Jahre

Alkoholgehalt: 40%

Linkwood wurde um 1821 gegründet und in den späten 60er Jahren des 19. Jahrhunderts erweitert. Man erzählt sich, daß einer der Brennmeister so davon überzeugt war, jede Veränderung in der Brennerei würde den Charakter des Whiskys beeinflussen, daß er sich sogar gegen das Entfernen von Spinnweben wehrte.

»Federleicht.«

Duft: Süß, leicht torfige Aromen.

Geschmack: Karamel, süßlich, sehr sauber.

750ml
40%alc/vol
(80Proof)
PRODUCT OF
SCOTLAND
YEARS 15 OLD
Linkwood
SINGLE
HIGHLAND MALT
Scotch Whisky
PROPRIETORS
JOHN McEWAN & CO. LTD.
BONDED AND BOTTLED BY
GORDON & MACPHAIL , ELGIN
UNBLENDED
POT STILL

Littlemill

Lowlands

Alter bei der Abfüllung: 8 Jahre, diverse unabhängige Abfüllungen

Alkoholgehalt: 8 Jahre – 40 und 43%

Vermutlich die älteste Brennerei der Lowlands. Es scheint, daß hier seit dem 14. Jahrhundert gebraut und gebrannt wurde. Littlemill ist als Lowlands-Brennerei klassifiziert, benutzte aber Wasser und Torf aus den Highlands. Der Großteil des erzeugten Whiskys wurde zum Verschneiden verwendet, aber die Brennerei füllte etwas Single Malt ab, der noch erhältlich ist. Littlemill ist heute stillgelegt.

»Explodiert zuerst und wird dann ganz mild.«
»Schmeckt wie Butterscotch.«

Duft: Würzig, scharf, leicht nussig.

Geschmack: Süß, Vanille, Karamel, Pfirsich, etwas Pfeffer im Abgang.

Loch Lomond-Inchmurrin

Southern Highlands

Alter bei der Abfüllung: 9 Jahre, 10 Jahre, 12 Jahre, 17 Jahre, 20 Jahre, 28 Jahre

Alkoholgehalt: 9 Jahre – 64%; 10 Jahre – 40%; alle anderen – 43%

Loch Lomond-Linchmurrain nahm 1966 den Betrieb auf. Die Brennerei, am Standort einer ehemaligen Druckerei errichtet, liegt an der imaginären Grenze zwischen Highlands und Lowlands. Die Brennblasen, die in Loch Lomond verwendet werden, sind auf die Destillation von Whiskys unterschiedlichen Gewichts ausgelegt. Außer Inchmurrin stellt die Brennerei auch einen stärkeren Whisky namens Rhosdhu her.

»Ein ziemlich merkwürdiger Tropfen.«

Duft: Gummi, nussig, käsige Nase.

Geschmack: Scharf, etwas grün, nach Holz, kräftig, unausgeglichener Charakter.

Longmorn

Highlands (Speyside)

Alter bei der Abfüllung: 12 Jahre, 15 Jahre

Alkoholgehalt: 12 Jahre – 40%; 15 Jahre – 45%

Die Brennerei Longmorn nahm 1897 den Betrieb auf und wurde 1970 gemeinsam mit Glen Grant von den Glenlivet-Brennereien aufgekauft. Longmorn ist eine Verballhornung des gälischen Ausdrucks für »Ort des heiligen Mannes«. Die Brennerei wurde an einem Ort erbaut, an dem früher eine alte Kapelle gestanden haben soll. Die Verkostung bezieht sich auf einen 15 Jahre alten Whisky.

»Kein außergewöhnlicher Charakter, aber angenehm zu trinken.«

Duft: Karamel.

Geschmack: Süß.

MATURED IN OAK CASKS
15
YEARS
DISTILLED AND BOTTLED IN SCOTLAND
PRODUCE OF SCOTLAND
LONGMORN
Highland Single Malt
SCOTCH WHISKY
This outstanding single malt whisky is produced only at the Longmorn distillery, which stands on the site of an ancient abbey, in the heart of the Scottish Highlands.
IMPORTED BY LONGMORN DISTILLING CO, NY, NY
MATURED IN OAK CASKS
AGED
15
YEARS
750 ML.
ALC. 45%
BY VOL.

The Macallan

Highlands (Speyside)

Alter bei der Abfüllung: 7 Jahre, 10 Jahre, 12 Jahre, 18 Jahre und 25 Jahre

Alkoholgehalt: 7 Jahre und 10 Jahre – 40%; andere – 43%

The Macallan erhielt offiziell 1824 die Brennlizenz und wurde ab diesem Datum besteuert. Für die Brennerei wurde ein großzügiger, abgeschlossener Ort mit reichlich Torf, Gerste und Trinkwasser gefunden. Sie wurde von Roderick Kemp, einer legendären Figur der Whiskybranche, aufgekauft. Seine Nachfahren sind nach wie vor im Betrieb von The Macallan tätig. Die Brennerei zeichnet sich durch Eigenschaften wie kleine, niedrige Brennblasen aus Kupfer (diese Form soll dem Whisky einen sahnigen Touch verleihen) und die Verwendung von Eichenfässern aus der Sherryerzeugung bei der Lagerung aus. Die Sherryfässer machen The Macallan zu etwas Besonderem, denn andere Brennereien benutzen eher Bourbon-, Port- oder Madeirafässer. Sherryfässer waren früher weit verbreitet, da der Sherry in spezielle Fässer abgefüllt wurde, deren Rücksendung in leerem Zustand an die Sherry-Bodegas zu teuer gekommen wäre. Die gebrauchten Fässer wurden daher billig von den Whiskybrennereien als Lagerfässer aufgekauft. Eichenfässer mit Sherrygeschmack, vor allem Dry Oloroso, verleihen dem Scotch Whisky lieblichen Duft und Geschmack. In letzter Zeit wird Sherry immer mehr in Edelstahlbehältern verschifft, so daß die Brennerei Sherryfässer für die Lagerung des Whiskys in Auftrag geben muß.

Im Frühjahr 1997 fanden zwei historische Ereignisse statt: Eine Flasche Macallan von 1874 wurde im Laderaum eines untergegangenen Schiffes gefunden und auf einer Auktion versteigert (den Zuschlag erhielt die Brennerei), und Highland-Suntory kaufte die Brennerei auf. Was ersteres Ereignis betrifft, so wurde eine Replik des 1874er hergestellt und verkauft (darüber später mehr). Und zum zweiten ist zu bemerken, daß Highland-Suntory erklärt hat, nichts an The Macallan zu verändern, nur die Produktion um das Sechsfache steigern zu wollen. Mir sträuben sich die Nackenhaare.

»Hervorragend.« »Mein Favorit.« »Mit Abstand der beste.« »Mein absoluter Favorit.«

Duft: 12 Jahre – fruchtig, Sherry, Vanille; 18 Jahre – Karamel, Toffee, eine Spur rauchig, nussig. Bei einer Pressevorstellung durfte ich exakt einen Schluck vom 1874er genießen: Orangenmarmelade, Vanille, Bitterschokolade.

Geschmack: 12 Jahre – Zitrus, leicht salzig, eine Spur rauchig, langer, leicht öliger Abgang; 18 Jahre – sehr mild, komplex, Vanille, Karamel, Tabak, nussig, langer, vielschichtiger Abgang. Kräftig, stark schokoladig, Orange, Melasse, langer, dunkler Abgang.

ESTABLISHED
SPEYSIDE SCOTL
FINE SINGLE
BOTTLED IN SCOTLA
TAMDHU DISTILL
SPEYSIDE SCOTLAND
SCOTCH WHI
YEARS OLD
ESTABLISHED 1824
The
MACALLAN
Anniversary Malt
A SPECIAL BOTTLING OF UNBLENDED
SINGLE HIGHLAND MALT SCOTCH WHISKY
25 YEARS OLD
Alc/Vol 43%
750ml
YEARS 10 OLD
SPEYBURN
ESTABLISHED 1897
SINGLE
HIGHLAND MALT
Scotch Whisky
PRODUCT of SCOTLAND
43% alc/vol
(86 PROOF)
Sole Importer
Barton Imports,
Chicago, IL
750ml
Distilled & Bottled in Scotland
SPEYBURN DISTILLERY Rothes Moray Scotland

KNOCKANDO
AGED 12 YEARS
PURE SINGLE MALT
SCOTCH WHISKY
DISTILLED AND BOTTLED IN SCOTLAND BY
JUSTERINI & BROOKS
St. James's Street, London S.W.1
750 ml 43% Alc. by Vol.
PRODUCT OF SCOTLAND
SEASON OF DISTILLATION
1982
The
GLENLIVET
AGED 18 YEARS
Pure Single Malt
Scotch Whisky
PRODUCT OF SCOTLAND
"UNHURRIED SINCE 1824"
GEORGE & J.G.SMITH LTD.
THE GLENLIVET DISTILLERY
AGED 12

Mortlach

Highlands (Speyside)

Alter bei der Abfüllung: diverse unabhängige Abfüllungen, unter anderem 12 Jahre, 15 Jahre, 21 Jahre, 22 Jahre

Alkoholgehalt: 12 Jahre, 15 Jahre und 21 Jahre – 40%; 22 Jahre – 46% und 65% (natürliche Faßstärke)

»Mhh, ich liebe diesen Tropfen aus dem Talkessel.« Dieser Spruch fiel unter Freunden um 1824 in Dufftown, Schottland, oft. Das gälische Wort Mortlach bedeutet nämlich »Talkessel«. Der Markenname erinnert noch an die direkte Verbindung zwischen Scotch Whisky und Geographie. Mortlach findet als Hauptbestandteil in einer Reihe von Blended Whiskys Verwendung, unter anderem in Johnnie Walker Red Label. Mortlach ist eine große Brennerei, die 1903 modernisiert wurde und seit 1823 ununterbrochen (mit Ausnahme einer kurzen Pause während des Zweiten Weltkrieges) betrieben wird. Die Verkostung bezieht sich auf eine 15 Jahre alte Abfüllung von Gordon & MacPhail.

»Gute Struktur, der Geschmack entfaltet sich.«

Duft: Leicht, frisch, fruchtig.

Geschmack: Rauchig, Holz, Spuren von Vanille, Karamel. Komplexer, als der Duft ahnen läßt.

750ml
YEARS 15 OLD
Mortlach
RARE OLD Highland Malt
SCOTCH WHISKY
Proprietors
GEORGE COWIE & SON LTD
MORTLACH GLENLIVET DISTILLERY DUFFTOWN
Matured & Bottled by
GORDON & MACPHAIL
ELGIN SCOTLAND
UNBLENDED
POT STILL

North Port

Eastern Highlands

Alter bei der Abfüllung: 13 Jahre (unabhängige Abfüllung von Glen Haven)

Alkoholgehalt: 64%

North Port wurde von einem ortsansässigen Bauern in den 20er Jahren des 19. Jahrhunderts gegründet. Die Brennerei erhielt den Namen vom ehemaligen Tor in der Stadtmauer. North Port wurde 1983 stillgelegt und inzwischen abgerissen.

»Sehr, sehr scharf. Kein großes Vergnügen.«

Duft: Medizin, Rauch, Zitrusschale.

Geschmack: Gummi.

Oban

Western Highlands

Alter bei der Abfüllung: 12 Jahre, 14 Jahre

Alkoholgehalt: 12 Jahre – 40%; 14 Jahre – 43%

Angeblich gibt es Dokumente, die die Inbetriebnahme von Oban für das Jahr 1794 belegen. Die Tradition und Stärke von Oban spiegelt sich in den außergewöhnlichen und komplexen Single Malts wieder. Die Brennerei wurde von Scottish Malt Distillers Ltd. aufgekauft und stellte im Jahr 1968 kurz den Betrieb ein. Die Verkostung bezieht sich auf einen 12 Jahre alten Whisky.

»Ein sehr wohlschmeckender, rauchiger Single Malt – einfach köstlich.«

Duft: Nussig, rauchig, würzig.

Geschmack: Rauchig und mild.

OBAN
1794
OBAN
'Little Bay of Caves'
ALONG THE SHORES OF LORN LIES A RECORD OF MAN FAR MORE ANCIENT THAN THAT OF ANY CITY IN THE LAND. THE FIRST SETTLERS ARRIVED ON THE MAINLAND IN 5,000 BC AND SHELTERED IN THE NATURAL CAVES OF THE LAND THEN KNOWN AS 'AN OB'. THE 'DISTILLERY CAVE' WAS ONE SUCH SHELTER HIDDEN IN THE CREAG A' BHARRAIN CLIFFS WHICH RISE DRAMATICALLY ABOVE THE
'OBAN DISTILLERY'
Producers of a Delicate
SINGLE MALT
WEST Highland MALT
SCOTCH WHISKY
SOLE DISTRIBUTOR IN USA, SCHIEFFELIN & SOMERSET CO. NEW YORK, N.Y. PRODUCT OF SCOTLAND

Old Fettercairn

Eastern Highlands

Alter bei der Abfüllung: 10 Jahre (unabhängige Distillers-Abfüllung)

Alkoholgehalt: 43%

Old Fettercairn erzeugt mindestens seit 1824 Whisky. Sir John Gladstone (Vater des britischen Premierministers William Gladstone) soll Verwaltungsratsvorsitzender der Brennerei gewesen sein. Gladstone der Jüngere war maßgeblich daran beteiligt, daß Whiskyabfüllungen an die gemeine Bevölkerung verkauft werden durften. Fast die gesamte Produktion von Old Fettercairn wird zum Verschneiden verwendet.

»Sehr langer Abgang, ziemlich ausgeglichen.«

Duft: Melone, Banane.

Geschmack: Honig, Banane, süß.

Old Pulteney

Highlands (Speyside)

Alter bei der Abfüllung: 8 Jahre, 12 Jahre, 18 Jahre

Alkoholgehalt: 8 Jahre – 40%; 12 Jahre – 43%; 18 Jahre – 59,1%

Pulteney, 1826 von James Henderson gegründet, war zwischen 1926 und 1951 stillgelegt. 1955 kaufte Hiram Walker Brennerei. Pulteney wird fast ausschließlich zum Verschneiden verwendet. Nur ein 8 Jahre alter Single Malt ist erhältlich und wurde verkostet.

»Leicht und frisch; wert, gekostet zu werden.«

Duft: Leicht würzige und süße Nase.

Geschmack: Torfig und leicht rauchig.

Port Ellen

Islay

Alter bei der Abfüllung: 14 Jahre

Alkoholgehalt: 43%

Die im Jahre 1825 gegründete Brennerei war von 1929 bis 1966 stillgelegt. Bei den umfassenden Modernisierungen 1967 wurden u.a. vier Brennblasen eingerichtet. Viele Islay-Brennereien werden von Port Ellen mit Malz versorgt, aber die Herstellung von Whisky wurde 1983 eingestellt.

»Ein kräftiger und befriedigender Tropfen.«

Duft: Torfig, rauchig, Benzin.

Geschmack: Eiche, Butter und Rauch.

Rosebank

Lowlands

Alter bei der Abfüllung: 12 Jahre, 17 Jahre

Alkoholgehalt: 12 Jahre – 43%; 17 Jahre – 43%

James Rankin richtete Rosebank 1840 in der ehemaligen Brennerei Camelon ein. 1864 wurde sie von seinem Sohn neu erbaut. Das Verfahren von Rosebank umfaßte eine dreifache Destillation mit einer Wash-Brennblase und zwei Spirit-Brennblasen. Die Brennerei genoß viele Jahre einen hervorragenden Ruf. 1914 war Rosebank einer der Gründer von Scottish Malt Distillers – jetzt Teil von United Distillers. Rosebank stellte im Mai 1993 den Betrieb ein. Die Verkostung bezieht sich auf eine 12 Jahre alte Abfüllung.

»Ausgewogene Süße und Würze.«

Duft: Benzin und Grastöne.

Geschmack: Torfig und voller Körper.

Royal Brackla

Northern Highlands

ALTER BEI DER ABFÜLLUNG: 10 Jahre

ALKOHOLGEHALT: 43%

1835 erhielt dieser Whisky von König Wilhelm IV. den Beinamen »Royal« als Zeichen der Anerkennung. 1898 wurde die Brackla Distillery Company gegründet, und man kaufte dem Earl of Cawdor unweit von Cawdor Castle Land für die Erweiterung ab. Nach einigen Besitzerwechseln wurde die Brennerei 1965 modernisiert. Dampfbetriebene Brennblasen mit jeweils einem Fassungsvermögen von über 20 000 Litern wurden eingebaut.

»Rauchig und angenehm, sehr erfreulich.«

DUFT: Sauber, fruchtig und torfig.

GESCHMACK: Ein süßer, aber ausgewogener voller Körper.

Royal Lochnagar

Eastern Highlands

Alter bei der Abfüllung: 12 Jahre und »Selected Reserve« (keine Altersangabe)

Alkoholgehalt: 12 Jahre – 40%; Reserve – 43%

Lochnagar wurde zu Zeiten von Queen Victoria königlicher Hoflieferant, daher der Beiname »Royal«. Der Spruch »Take a peg of John Begg« war ein früher Werbespruch von Royal Lochnagar, da die Brennerei 1845 von John Begg erbaut wurde. Ein Großteil des Whiskys wird zum Verschneiden verwendet. Einzelne Fässer verschiedenen Alters werden von Zeit zu Zeit abgefüllt und als »Selected Reserve« verkauft.

»Erstaunlich lang.« »Hervorragend, hell, fröhlich.«

Duft: Blumig, fruchtig, vollaromatisch.

Geschmack: Pfeffer, etwas Vanille, Holz, stark haftender, verweilender Abgang.

Scapa

Orkney

Alter bei der Abfüllung: Stillgelegt. Diverse unabhängige Abfüllungen – 8 Jahre, 10 Jahre, 14 Jahre

Alkoholgehalt: 40%

Die Brennerei liegt auf der wunderschönen wilden Insel Orkney und wurde 1885 gegründet. Sie stellte bis 1993 Whisky her. Die Verkostung bezieht sich auf eine 10 Jahre alte unabhängige Abfüllung.

»Ideal zum Nippen an einem kühlen Juliabend am Strand.«

Duft: Ölig in der Nase, etwas Obst und Vanille.

Geschmack: Etwas Karamel und Vanille, öliger Abgang.

The Singleton (of Auchroisk)

Ook-ro-isk

Highlands (Speyside)

Alter bei der Abfüllung: 10 Jahre, 12 Jahre

Alkoholgehalt: 10 Jahre – 43%; 12 Jahre – 59,3%

Die Besitzer International Distillers and Vintners errichteten die Brennerei Auchroisk 1974 vor allem als weitere Quelle für ihre Blended Whiskys. The Singleton aber ist ein Single Malt, der breites Lob erfuhr. Er hebt sich deutlich von der Hauptproduktion von Auchroisk von bis zu 7 Millionen Litern pro Jahr ab.

»Köstlich und befriedigend. Ein klarer Sieger.«

Duft: Frisch, fruchtig und süß; etwas rauchig.

Geschmack: Cremig, Kaffee und süß.

Grist

Strathisla

Strath-ei-la

Highlands (Speyside)

Alter bei der Abfüllung: 12 Jahre und zahlreiche unabhängige Abfüllungen

Alkoholgehalt: 12 Jahre – 43%; diverse unabhängige Abfüllungen mit schwankendem Alkoholgehalt

Strathisla nahm 1786 den Betrieb auf und beansprucht ebenfalls den Rang der ältesten schottischen Brennerei. Der frühere Name Milton wurde in den 1950er Jahren in Strathisla umgeändert. Die Quelle, aus der die Brennerei das Wasser bezieht, soll seit über 600 Jahren das Wasser für Brauereien und Brennereien in der Gegend liefern. Der Großteil des Whiskys wird zum Verschneiden verwendet, vor allem für Chivas Regal.

»Sehr intensiv und vielschichtig.«

Duft: Würzig, etwas scharf, starkes Nußaroma.

Geschmack: Rauchig, Holz, nussig, langer und schwerer Abgang.

STRATHISLA
“STRATHISLA”
PURE HIGHLAND MALT
SCOTCH WHISKY
THE OLDEST DISTILLERY IN THE HIGHLANDS
AGED 12 YEARS
ALC. 43% BY VOL.
IMPORTED BY CHIVAS BROS. IMPORT CO., NEW YORK, N.Y
PRODUCE OF SCOTLAND

Talisker

Skye

Alter bei der Abfüllung: 10 Jahre

Alkoholgehalt: 45,8%

Talisker ist die einzige Brennerei auf der Insel Skye und liefert ein hervorragendes Beispiel für den Seetangcharakter eines Inselmalts. Manchmal fragt man sich, ob diese Note wirklich vorhanden oder nur Ausdruck einer angenehmen poetischen Laune ist.

»Schmeckt wie Hickory.«
»Sehr guter Tropfen.«
»Schmeckt wie Heftpflaster.« (häufiger Vergleich für Rauchigkeit)

Duft: Erdig, dunkel, rauchig.

Geschmack: Sehr torfig, Holz, rauchig, salzig, langer Abgang.

ISLE OF SKYE
TALISKER
SINGLE MALT SCOTCH WHISKY
Uig
Portree
SKYE
Talisker Distillery
The Cuillins
Beyond Carbost Village close to the Shore is a gentle haven sheltered from the bleak ravines which sweep down to the coast.
Here in the shadow of the distant Cuillin Hills lies the islands only distillery Talisker.
The Golden Spirit of Skye has more than a hint of local seaweed peppered with sour & sweet notes and a memorable warm peaty finish.
10
750ml
TALISKER DISTILLERY CARBOST SKYE
SCHIEFFELIN & SOMERSET CO. NEW YORK. N.Y. PRODUCT OF SCOTLAND
ESTABLISHED 1830
TALISKER DISTILLERY
ISLE OF SKYE

Tamdhu

Täm-du

Highlands (Speyside)

Alter bei der Abfüllung: 10 Jahre, keine Altersangabe, zahlreiche unabhängige Abfüllungen

Alkoholgehalt: Keine Altersangabe und 10 Jahre – 40%

Diese in England und Schottland sehr beliebte Whiskybrennerei mälzt noch selbst. Tamdhu war von 1927 bis 1947 stillgelegt, dann wurde sie wieder in Betrieb genommen und hat seitdem langsam expandiert. In den 1980er Jahren hat man sie schließlich vollständig modernisiert.

»Genau mein Geschmack, nach Äpfel und Birnen.«
»Ansprechend, langer, ausgeglichener Abgang.«

Duft: Fruchtig, blumig.

Geschmack: Süß, rauchig, Honig, würzig.

TAMDHU TAMDHU
ESTABLISHED 1897
TAMDHU
SPEYSIDE SCOTLAND
FINE SINGLE MALT
BOTTLED IN SCOTLAND
ESTD 1897
TAMDHU DISTILLERY
SPEYSIDE SCOTLAND
water from our own spring, our own malted
IMPORTED BY PALACE BRANDS Co. HARTFORD, CONN
SCOTCH WHISKY
750ml

Tamnavulin-Glenlivet

Highlands (Speyside)

Alter bei der Abfüllung: 10 Jahre, 18 Jahre

Alkoholgehalt: 10 Jahre – 40%; 18 Jahre – 46%

Der gälische Begriff Tamnavulin bedeutet »Mühle auf dem Hügel« und ist eine genaue Beschreibung der Brennerei, die 1966 in der Nähe einer alten Wassermühle am Fuße der Cairngorm Mountains erbaut wurde. Die Verkostung bezieht sich auf einen 10 Jahre alten Whisky.

»Ein großartiger Allround-Malt.«

Duft: Blumig in der Nase, leicht.

Geschmack: Torfig, Eiche und nussig.

Tobermory

Mull

Alter bei der Abfüllung: Keine Angabe

Alkoholgehalt: 43,4%

Die einzige Brennerei auf der Insel Mull wurde seit ihrer Gründung einige Male stillgelegt und wieder in Betrieb genommen. Nach der Stillegung im Jahre 1989 wurde sie schließlich 1993 wiedereröffnet. Ältere Whiskybestände sind manchmal als Abfüllungen unter dem Namen Ledaig zu haben (unverkostet).

»Angenehm mit leicht explosivem Abgang.«

Duft: Gras, Minze.

Geschmack: Pfefferminze.

TOBERMORY
TOBERMORY
ESTABLISHED
1823
THE MALT SCOTCH WHISKY
FROM
TOBERMORY DISTILLERS LTD
The Isle of Mull
43.4% ALC/VOL
(86.8 PROOF)
PRODUCE OF SCOTLAND

Tomatin

Northern Highlands

ALTER BEI DER ABFÜLLUNG: 10 Jahre

ALKOHOLGEHALT: 43%

Tomatin, eine der größten schottischen Brennereien, wurde 1985 von Japanern aufgekauft und kam damit als erste schottische Brennerei in japanische Hände. Die Brennerei wurde 1897 von der Tomatin Spey District Distillery Co. Ltd. gegründet und von 1956 bis 1974 von 4 auf 23 Brennblasen erweitert. Der Großteil des Malt wird zum Verschneiden und Exportieren verwendet. Er ist aber auch als Single Malt Whisky erhältlich.

»Sehr leicht zu trinken, ein leichter Hauch von Süße.«

DUFT: Leicht und süß.

GESCHMACK: Rauchig, mittelschwerer Körper, mild.

Tomintoul-Glenlivet

Highlands (Speyside)

Alter bei der Abfüllung: 8 Jahre, 12 Jahre

Alkoholgehalt: 8 Jahre – 40%; 12 Jahre – 43%

Zwei Whiskyhändler aus Glasgow gründeten 1964 Tomintoul im höchstgelegenen Dorf der schottischen Highlands. Es liegt in der Nähe des Glenlivet-Gebietes – daher der Beiname – und erzeugt insgesamt knapp 5 Millionen Liter im Jahr. Die Gründer fusionierten anschließend mit White & Mackay Ltd. Daher geht ein Großteil des Whiskys in die Blends von White & Mackay. Die Verkostung bezieht sich auf einen 12 Jahre alten Whisky.

»Extrem leicht und mild.«

Duft: Süß, Vanille und fruchtig.

Geschmack: Rauchig und sauber; leicht würziger Abgang.

Tullibardine

Southern Highlands

Alter bei der Abfüllung: 10 Jahre

Alkoholgehalt: 40%

Tullibardine wurde 1949 am Standort einer alten Brauerei aus dem 17. Jahrhundert errichtet und 1972 von Invergordon Distillers Ltd. aufgekauft. Die Whiskyerzeugung profitiert stark vom hervorragenden Trinkwasser aus dem nahen Tullibardine-Moor.

»Leicht und etwas rauchig.«

Duft: Voll und fruchtig.

Geschmack: Würzig, rund; Pfeffer im Abgang.

Blended Whisky

Vor 1853 war für die Schotten, die ihre braunen Schnäpse liebten, Single Malt Whisky das einzig vorstellbare Getränk. In jenem Jahr aber wälzte der Whiskyhändler Andrew Usher alles um: Er ist der Mann, dem die Erfindung des Blended Whisky zugeschrieben wird.

Malt Whisky wird aus 100% zum Großteil gemälzter Gerste hergestellt. Blended Whisky hingegen enthält zwischen 20 und 50% Malt Whisky, der Rest besteht aus Grain Whisky. Grain Whisky wird im Gegensatz zu Malt Whisky aus einer Reihe von verschiedenen billigeren Getreidesorten neben Gerste hergestellt und außerdem in einem kontinuierlichen Brennverfahren erzeugt, nicht in der Brennblase. Das Ergebnis: Grain Whisky ist im Vergleich zu Malt Whisky ziemlich leicht und geschmacklos, unvermischt nicht besonders gut, aber perfekt zum Mischen mit geschmackvollerem Whisky.

Nach seiner Erfindung wurde Blended Whisky aus einer Reihe wirtschaftlicher, sozialer und ästhetischer Gründe zum Inbegriff des Scotch Whisky. Die einfache Herstellung des neuen Whiskys, der leichtere Geschmack und die gleichbleibende Qualität fanden Gefallen bei den Verbrauchern, und das bis in die 1980er Jahre. Zu diesem Zeitpunkt sanken zumindest in den USA erstmals die Verkaufszahlen für Blended Whiskys. Dieser Trend setzte sich fort, aber bemerkenswerterweise ist in den letzten 20 Jahren, während der Absatz von Blended Whisky und anderen Schnäpsen nach unten ging, der Markt für Single Malt Whisky exponentiell gewachsen.

Warum wohl? Der Geschmack hat sich eindeutig geändert. Der Gaumen des Trinkers ist müde geworden, wir sind unserer Gewohnheiten überdrüssig. Vorreiter unter den Konsumenten, die immer auf der Suche nach neuen Genüssen sind, entdeckten den volleren Genuß der Single Malts. Die Sucht nach gleichbleibender Qualität machte dem Abenteuergeist Platz.

Wenn sich ein Blendmaster an die Arbeit macht, ist sicherlich kein Abenteuersinn gefragt. Er ist vor allem bestrebt, alle Eigenschaften, die zu sehr nach Region, nach Intensität oder Rauhheit schmecken und demnach als »Individualität« angesehen werden können, auszuschalten. Hierzu mischt er etwas Highland-Whisky (für den Geschmack) mit etwas Insel-Whisky (für den Geruch) und etwas Lowland-Whisky (für den Körper). Die Blends können bis zu 50 Single Malts enthalten, die in einem großen Faß vermengt werden. Während der Arbeit an diesem Buch wurde ein neuer »Boutique«-Blend auf den Markt gebracht, der 100 Single Malts vereinte. Die Verschneidemeister haben alle ihre eigenen Rezepte. Der eine gibt einen bestimmten Prozentsatz Grain Whisky zu einem bestimmten Zeitpunkt hinzu, während der andere dies in einem späteren Stadium tut, fleißig rührt und ihn in das Faß füllt. Der eine lagert den Whisky einige Monate, der andere läßt ihn drei bis vier Jahre im Faß, damit sich die Geschmäcke gut mischen. Diese langwierig erarbeiteten und streng geheimen Rezepte werden strikt befolgt und ergeben jahraus, jahrein gleichbleibende Blends, deren Geschmack der Trinker kennt, bevor er sich einen in sein Glas füllt.

Nicht daß Sie glauben, ich möchte Blended Whisky verteufeln, ganz und gar nicht. Ich glaube, daß die Forschung und die Experimente zum Zwecke der gleichbleibenden Qualität wirklich ganz gute Blended Whiskys hervorgebracht haben, wie Sie in den folgenden Verkostungen feststellen können. Es ist nun so: Warum sollte man sich, wenn man schon so erfahren ist und bereits die Freuden kennt, die einem ein Whisky vermitteln kann, mit einem ganz netten Schluck begnügen statt die wirkliche Größe in Form seines Lieblings-Single-Malt zu entdecken?

Blended Whisky Vergleiche

Dewar's

»Ein sehr geschmackvoller, erfreulicher, leichter Tropfen.«

Duft: Etwas Pfeffer, mild.
Geschmack: Leicht süß.

Chivas Regal

»Flüchtig, viel Hitze in der Nase, wirklich nett.«

Duft: Holznote, Zeder.
Geschmack: Kaffee, Toffee, kräftig, Butter.

Black Label

»Meiner Meinung nach ein guter Tropfen.«
»Sehr flüchtig.«

Duft: Pfeffer, würzig.
Geschmack: Benzin, Pfeffer.

The Famous Grouse

»Sehr frisch in der Nase.«
»Sanft im Mund, sehr einfach.«

Duft: Etwas Gras und leicht.
Geschmack: Gut ausgewogen.

The Famous Grouse – Gold Reserve

»Explodiert mit einem würzigen Schlag.«

Duft: Frisch, Orangenschale, würzig.
Geschmack: Orange, Zimt, würzig.

Johnnie Walker
BLACK LABEL
12
YEARS OLD
CHIVAS BROTHERS LTD
KEITH, SCOTLAND
SCOTLAND'S PRINCE OF WHISKIES
CHIVAS REGAL
FOUNDED 1801 CHIVAS BROS
PREMIUM SCOTCH
WHISKY
PRODUCE OF SCOTLAND
ONE LITRE
BLENDED SCOTCH WHISKY
ALC. 40% BY VOL. (80 PROOF)
BLENDED AND BOTTLED IN SCOTLAND BY
CHIVAS BROTHERS LTD
DISTILLERS KEITH, AB55 3BS, SCOTLAND

Blended Scotch Whisky

Nachfolgend finden Sie die beliebtesten Blended-Scotch-Whisky-Marken, die derzeit erhältlich sind, mit ihrem jeweiligen Alter und Proof aufgeführt.

Ballantine Scotch	17 Jahre	86 Proof
Ballantine Scotch	30 Jahre	86 Proof
Ballantine Scotch Finest		86 Proof
Ballantine Scotch Gold Seal	12 Jahre	86 Proof
Barrister Scotch		80 Proof
Bellows Scotch		80 Proof
Black & White Scotch		80 Proof
Black Bull Scotch		100 Proof
Buchanan's Scotch	12 Jahre	80 Proof
Buchanan's Scotch Deluxe	18 Jahre	80 Proof
Bullock & Lade (B&L) Scotch		80 Proof
Chivas Regal Scotch	12 Jahre	80 Proof
Clan MacGregor Scotch		80 Proof
Claymore Scotch		80 Proof
Cluny Scotch	12 Jahre	80 Proof
Crawford's Scotch		80 Proof
Crown Sterling Scotch		
Cutty Sark Scotch		80 Proof
Desmond & Duff Scotch	12 Jahre	80 Proof
Dewar's Scotch	12 Jahre	80 Proof
Dewar's Scotch White Label		80 Proof
Glenandrew Scotch	10 Jahre	
Glenandrew Scotch	15 Jahre	
Glenandrew Scotch	20 Jahre	
Grand Macnish Scotch		80 Proof
Grand Old Par Scotch Deluxe	12 Jahre	86 Proof
Grant's Scotch Blended / Grant's Scotch Decanter Toby Jug	25 Jahre	86 Proof
Haig & Haig Scotch Dimple Pinch	15 Jahre	86 Proof
Hankey Bannister Scotch		86 Proof
Hartley Parker's Scotch		80 Proof
Harvey's Scotch		80 Proof

Heather Glen Scotch		80 Proof
House of Stuart Scotch	4 Jahre	80 Proof
Inver House Scotch Rare		80 Proof
Inverarity Scotch Blended		
J & B Scotch Rare		80 Proof
J & B Scotch Select		80 Proof
J & B Scotch J.E.T.	15 Jahre	86 Proof
J.W. Dant Scotch		80 Proof
John Barr Scotch Gold Label		80 Proof
John Barr Scotch Special Reserve Black Label		86 Proof
John Begg Scotch Blue Cap		86 Proof
John Player Scotch		80 Proof
Johnnie Walker Scotch Black Label	12 Jahre	86,8 Proof
Johnnie Walker Scotch Blue Label		80 Proof
Johnnie Walker Scotch Red Label		80 Proof
Johnnie Walker Scotch Gold Label		18 Jahre
King George IV Scotch		80 Proof
King William IV Scotch		80 Proof
Lauder's Scotch		80 Proof
Legacy Scotch		80 Proof
McColl's Scotch		80 Proof
McGregor Scotch Perfection		80 Proof
Old Smuggler Scotch		80 Proof
Passport Scotch		80 Proof
Peter Dawson Scotch Special		80 Proof
Piper 100 Scotch		80 Proof
Poland Spring Scotch		80 Proof
Queen Anne Scotch		80 Proof
Royal Salut Scotch		80 Proof
Royal Salute Scotch	21 Jahre	
Scoresby Scotch Very Rare		80 Proof
Teacher's Scotch Highland Cream		86 Proof
The Famous Grouse Scotch		80 Proof
The Famous Grouse Scotch Gold Reserve		
Usher's Scotch Green Stripe		82 Proof
White Horse Scotch		80 Proof
Whiteside Scotch Blended		86,8 Proof

Single-Malt Scotch-Karte

Wegen der zunehmenden Beliebtheit von Single Malts bieten manche gute Restaurants extra zu ihrer Wein- und Digestifkarte eine Scotchkarte an. So könnte eine solche Karte aussehen, die das Herz des Whiskykenners höher schlagen läßt.

SCOTCH IT!

STEAKS, SNACKS & MORE

SINGLE MALT SCOTCHES

Scotch	Alter in Jahren	Preis in DM
	Highland Malts	
Ardbeg	20	20.00
Balblair	10	16.00
Clynelish	22	34.00
Dallas Dhu	1974	27.00
Dalmore	12	14.00
Dalmore Stillmans Dram	26	26.00
Dalwhinnie	15	16.00
Edradour	10	15.00
Glen Eden	ohne Ang.	11.50
Glengoyne	10	15.00
Glengoyne	17	21.00
Glengoyne	1967	41.00
Glenkeith	1983	15.00
Glenlochy	25	39.00
Glenmorangie	10	13.00
Glenmorangie	18	18.00
Glenmorangie	12 *Port*	26.00
Glenmorangie	12 *Sherry*	17.00
Glenmorangie	12 *Madeira*	17.00
Glenmorangie	1971	45.00
Glenmorangie	1974	24.00
Glen Rothes	1979	19.00
Glen Rothes	10	13.00
Inchmurrin	10	14.00
Loch Dhu Black	14	15.00
Oban	10	11.50
Old Fettercairn	12	15.00
Royal Lochnagar	Reserve	43.00
Royal Lochnagar	1971	22.00
Tomintoul	10	9.00
Tullibardine		
	Highlands/Speyside	
Aberfeldy	1978	19.00
Aberlour	10	14.00
Aberlour	1970	33.00
Balvenie	10	16.00
Balvenie	12	15.00
Balveni	15	17.00
Benriach	10	15.00
Benriach	1982	27.00
Cardhu	12	14.50
Cragganmore	12	15.00
Duftown	13	29.00
Glendronach	12	16.00
Glendronach	15	17.00
Glendeveron	12	11.50
Glenfarclas	10	12.50
Glenfarclas	12	13.00
Glenfarclas	25	27.00
Glenfiddich	12	12.50
Glenfiddich	18	30.50
Glenforres	12	9.00
Glenlivet	12	12.50
Glenlivet	18	19.00

SCOTCH	ALTER IN JAHREN	PREIS IN DM
	HIGHLANDS/SPEYSIDE—FORTSETZG.	
Linkwood	21	23.00
Longmorn	1981	18.00
Glen Garioch	8	11.50
Glen Garioch	12	12.00
Glen Garioch	15	14.50
Glen Garioch	21	22.00
Glen Glassaugh	12	11.50
Glen Moray	12	14.00
Glen Ord	12	15.00
Inchgower	1980	18.00
Knockando	1000	17.00
Knockando	18	21.00
Knockando	25	43.00
Knockando	1970	46.00
Macallan	12	15.00
Macallan	18	20.00
Macallan	25	43.00
Mortlach	22	33.00
Strathisala	12	15.00
Tamdhu	10	13.00
Tormore	5	11.00
	LOWLANDS	
Auchentoshan	ohne Ang	12.50
Auchentoshan	10	16.00
Auchentoshan	21	28.00
Glenkinche	10	15.00
Inverarity	10	15.00
Little Mill	8	13.00
Prime Malt #1	15	14.50
Rosebank	1974	19.50
	ISLAY	
Bruichladdich	10	14.50
Bruichladdich	15	18.00
Bruichladdich	21	27.00
Bowmore Legend	ohne Ang	13.00
Bowmore	10	14.50
Bowmore	17	18.00
Bowmore	21	28.00
Bowmore	25	31.00
Bowmore Black	1964	95.00
Bunnahabhain	12	16.00
Laphroaig	10	15.00
Laphroaig	15	22.00
Lagavulin	16	17.00
Port Ellen	16	19.50
	CAMPBELTOWN	
Dram Select	23	28.00
Dram Select	21	26.00
Glen Scotia	12	14.50
Springbank	12	18.00
Springbank 100p	12	19.00
Springbank	15	21.00
Springbank	1979	22.00
Springbank	21	26.00
Springbank	25	36.00
	MULL	
Tobermory	ohne Ang.	12.50
Dram Select	21	28.00
	OLD MELDRUM	
Michel Couvier	15	18.00
	ISLAND MALTS	
Highland Park	12	14.50
Scapa	1979	18.00
Scapa	12	15.00
Talisker	10	16.00

Wir sind bemüht, alle Scotches vorrätig zu haben!

Glossar

Blended Whisky • Eine Mischung aus Grain und Malt Whisky, beliebt wegen der leichteren Geschmacksstile.

Brennblase (pot still) • Ein Kupferkesselpaar mit Schwanenhälsen, das mit Kohle oder Dampf beheizt wird. Im ersten, Wash-Brennblase genannt, wird die gegärte Flüssigkeit auf Siedetemperatur gebracht. Dadurch verdampft sie in die Kühlschlange. Dort kühlt der Dampf ab und wird gesammelt. Das Ergebnis aus der ersten Blase, der Rauhbrand, durchläuft den zweiten Kessel, Spirit-Brennblase genannt, und es entsteht Malt Whisky.

Diastase • Ein Enzym im Getreide, das die Stärke löslich macht. Im nächsten Schritt des Brennvorgangs wird die Stärke in Zucker verwandelt.

Faß (caste) • Das Holzfaß zum Reifen von Scotch Whisky.

Grain Whisky • Whisky, der in einem Patentbrennapparat hergestellt wird. Hierzu wird vor allem Mais verwendet.

Kontinuierliches Brennverfahren (continuous still) • Ein Säulenbrennapparat, »Coffey Still«, besteht im Gegensatz zur Brennblase aus zwei Säulen, die nicht aufgefüllt werden müssen, sondern kontinuierlich produzieren. Dieses Verfahren wird zur Herstellung von leichteren Scotch Whiskys für Blends verwendet.

Maischen (mashing) • Mischen von getrocknetem, gemahlenem Malz mit heißem Wasser.

Malz (malt) • Getreide, dessen Stärke in Zucker verwandelt wurde. Der vorherrschende Zucker ist Maltose.

Mittellauf (middle cut) • Das nach Ermessen des Brennmeisters beste Destillat aus der Brennblase. Nur dieses Destillat wird abgefüllt.

Nachlauf (feints) • Destillat, das nach dem Mittellauf, dem besten Whisky zum Abfüllen, abgezogen wird. Der Nachlauf enthält viel Alkohol und Unreinheiten und wird normalerweise mit dem Vorlauf und der Maische vermischt und erneut destilliert.

Patentbrennapparat (patent still) • Auch kontinuierlicher Brennapparat genannt. Er kann ununterbrochen arbeiten, im Gegensatz zur Brennblase, die nach jedem Durchgang gereinigt und neu gefüllt werden muß. Der kontinuierliche Brennapparat erzeugt einen sauberen, leichten, eher charakterlosen Brand, der vor allem in der Herstellung von Grain Whisky Verwendung findet.

Proof • Alkoholgehalt des Brandes, mit einem Hydrometer gemessen.

Rauhbrand (low wines) • Das Destillat, das im ersten Kessel der Brennblasen erzeugt wird. Es enthält Alkohol, chemische Stoffe reiner und unreiner Art und etwas Wasser. Rauhbrand, »low wines«, wird in der Spirit-Brennblase erneut destilliert.

Rektifizieren (rectify) • Verdünnen mit Wasser, um einen einheitlichen Proof zu erreichen.

Schleppe (draff) • Der Getreiderest, vor allem Gerste, der im Maischebottich nach Abziehen der Würze bleibt. Das Material wird getrocknet und an Vieh verfüttert.

Single Malt Whisky • Erzeugung einer einzelnen Brennerei.

Spirit Brennblase (spirit still) • Zweiter Kessel der beiden Brennblasen, der den hochprozentigen Alkoholbrand erzeugt. Dieser Brand wird direkt in Fässer abgefüllt (siehe Wash-Brennblase).

Torf (peat)• Es gibt zwei Arten von Torf: Moor- und Waldtorf. Moortorf besteht aus zersetzten Moosen. Waldtorf besteht aus zersetzten Ästen und Blättern. Beim Trocknen des Grünmalzes trägt Torf zum eigenwilligen Geschmack des Malt Whisky bei.

Uisge Beatha • Gälisch für »Wasser des Lebens«. Im Laufe der Jahrhunderte wurde dieser Begriff verkürzt, anglifiziert und ergab schließlich Whisky.

Unabhängiger Abfüller (independent bottler) • Ein Händler oder ein Unternehmen, der oder das Kaufverträge mit Malt-Brennereien für einzelne Fässer Malt Whisky abschließt. Der unabhängige Abfüller verwendet sein eigenes Etikett, das normalerweise die Ursprungsbrennerei enthält. Beispiele für traditionsreiche unabhängige Abfüller sind Cadenheads, Gordons & MacPhail und The Scotch Malt Whisky Society.

Veredelung • Eine Art der Alterung. Bestimmter Whisky wird in verschiedene Faßsorten abgefüllt, um die Geschmäcke zu mischen und um zu altern.

Verzuckerung (saccharify) • Die Entstehung von Zucker während des Mälz- und Maischprozesses. Das Enzym Diastase wird bei diesem Prozeß in der Gerste freigesetzt. Die Stärke in der Gerste wird dabei zu Zucker verwandelt.

Vorlauf (foreshots) • Das erste Destillat, das aus dem zweiten Kessel der Brennblasen kommt. Der Vorlauf hat wenig Alkohol und viele Unreinheiten und wird daher nicht abgefüllt. Er wird gesammelt und mit dem Nachlauf neu destilliert.

Wash • Gegärte Würze. Diese Flüssigkeit wird in die Brennblase zur ersten Destillation gefüllt.

Wash-Brennblase (wash still) • Die erste der beiden Brennblasen, typisch für Scotch Whisky, die niedrigprozentigen Rauhbrand produziert.

Würze (wort) • Die Flüssigkeit, die durch Einweichen des Grünmalzes in warmem Wasser in einem großen Bottich, dem Maischebottich, entsteht. Die Flüssigkeit enthält Zucker und andere Stoffe, die sich unter Zugabe von Bierhefe in Alkohol verwandeln.

Adressen der Destillerien/ Brennereien

Aberlour
ABERLOUR, Banffshire
AB38 9PJ
Tel: +44-1340-871204 / 285
Fax: +44-1340-871729

Ardbeg
PORT ELLEN, Islay, Argyll
PA42 7DU
Tel: +44-1496-302244

Ardmore
KENNETHMONT,
Aberdeenshire AB54 4NH
Tel: +44-1464-831213
Fax: +44-1464-831428

Auchentoshan
DALMUIR, Dunbartonshire
G81 4SG
Tel: +44-1389-878561
Fax: +44-1389-877368

Aultmore
KEITH, Banffshire AB55 3QY
Tel: +44-1542-882762
Fax: +44-1542-886467

Balbair
Edderton, TAIN, Ross-shire
IV19 1LB
Tel: +44-1862-821273
Fax: +44-1862-821360

The Balvenie
Dufftown, KEITH,
Banffshire AB55 4DH
Tel: +44-1340-820373
Fax: +44-1340-820805

Ben Nevis
FORT WILLIAM, Inverness-shire PH33 6TJ
Tel: +44-1397-702476
Fax: +44-1397-702768

Benriach
Longmorn, ELGIN,
Morayshire IV30 3SJ
Tel: +44-1542-783400
Fax: +44-1542-783404

Bladnoch
BLADNOCH, Wigtownshire
DG8 9AB
Tel: +44-1988-402235

Bowmore
BOWMORE, Islay, Argyll
PA43 7JS
Tel: +44-1496-810441
Fax: +44-1496-810757

Bruichladdich
BRUICHLADDICH, Islay,
Argyll PA49 7UN
Tel: +44-1496-850221

Bunnahabhain
PORT ASKAIG, Islay, Argyll
PA46 7RP
Tel: +44-1496-840646
Fax: +44-1496-840248

Caol Ila
Port ASKAIG, Islay, Argyll
PA49 7un
Tel: +44-1496-840207
Fax: +44-1496-840660

Caperdonich
ROTHES, Morayshire
AB38 7BS
Tel: +44-1542-783300

Cardhu
Knockando, ABERLOUR,
Banffshire AB38 7RY
Tel: +44-1340-810204
Fax: +44-1340-810491

Clynelish
BRORA, Sutherland
KW9 6LR
Tel: +44-1408-621444
Fax: +44-1408-621131

Cragganmore
BALLINDALLOCH,
Banffshire, AB37 9AB
Tel: +44-1807-500202
Fax: +44-1807-500288

Dallas Dhu
FORRES, Morayshire
IV36 0RR

The Dalmore
ALNESS, Ross-shire IV 0UT
Tel: +44-1349-882362
Fax: +44-1349-883655

Dalwhinnie
DALWHINNIE, Inverness-shire PH19 1AB
Tel: +44-1528-22240
Fax: +44-1528-522240

Deanston
DOUNE, Pethshire FK16 6AG
Tel: +44-1786-841422
Fax: +44-1786-841439

Dufftown-Glenlivet
Dufftown, KEITH, Banffshire
AB55 4BR
Tel: +44-1340-820224
Fax: +44-1340-820060

The Edradour
PITLOCHRY, Perthshire
PH16 5JP
Tel: +44-1796-473524
Fax: +44-1796-472002

Glen Garioch
Oldmeldrum, INVERURIE,
Aberdeenshire AB51 0ES
Tel: +44-1651-872706
Fax: +44-1651-872578

Glen Grant
ROTHES, Morayshire
AB38 7BS
Tel: +44-1542-783300
Fax: +44-1542-783306

Glen Keith
KEITH, Banffshire AB55 3BU
Tel: +44-1542-783044
Fax: +44-1542-783056

Glen Ord
MUIR OF ORD, Ross-shire
IV6 7UJ
Tel: +44-1463-870421
Fax: +44-1463-870101

Glen Scotia
12 High Street,
CAMPBELTOWN,
Argyll PA28 6DS
Tel: +44-1586-552288

The Glendronach
Forgue, HUNTLY,
Aberdeenshire AB54 6DB
Tel: +44-1466-730202
Fax: +44-1466-730202

Glenfarclas
Marypark,
BALLINDALLOCH,
Banffshire AB37 9BD
Tel: +44-1807-500209
Fax: +44-1807-500234

Glengoyne
DUMGOYNE, Stirlingshire
G63 9LB
Tel: +44-1360-550229
Fax: +44-1360-550094

Glenkinchie
PENTCAITLAND, East
Lothian EH34 5ET
Tel: +44-1875-340333
Fax: +44-1875-340854

Glenfiddich
Dufftown, KEITH, Banffshire
AB55 4DH
Tel: +44-1340-820373
Fax: +44-1340-820805

The Glenlivet
BALLINDALLOCH,
Banffshire AB37 9DB
Tel: +44-1542-783220
Fax: +44-1542-783220

Glenlossie
ELGIN, Morayshire IV30 3SS
Tel: +44-1343-860331
Fax: +44-1343-860302

Glenmorangie
TAIN, Ross-shire IV19 1PZ
Tel: +44-1862-892043
Fax: +44-1862-893862

The Glenturret
The Hosh, CRIEFF, Perthshire
PH7 4HA
Tel: +44-1764-656565
Fax: +44-1764-654366

Highland Park
KIRKWALL, Orkney
KW15 1SU
Tel: +44-1856-873107
Fax: +44-1856-876091

Imperial
Carron, ABERLOUR,
Morayshire, AB38 7QP
Tel: +44-1340-810276
Fax: +44-1340-810563

Inchgower
BUCKIE, Banffshire
AB56 2AB
Tel: +44-1542-831161
Fax: +44-1542-834531

Knockando
Knockando, ABERLOUR,
Morayshire AB38 7RD
Tel: +44-1340-810205
Fax: +44-1340-810369

Lagavulin
PORT ELLEN, Islay, Argyll
PA42 7DZ
Tel: +44-1496-302400
Fax: +44-1496-302321

Laphroaig
PORT ELLEN, Islay, Argyll
PA42 7DU
Tel: +44-1496-302418
Fax: +44-1496-302496

Linkwood
ELGIN, Morayshire IV30 3RD
Tel: +44-1343-547004
Fax: +44-1343-549449

Littlemill
BOWLING, Dunbartonshire
G60 5BG
Tel: +44-1389-874154

Loch Lomond-Inchmurrin
ALEXANDRIA,
Dunbartonshire G83 0TL
Tel: +44-1389-752781
Fax: +44-1389-757977

Longmorn
ELGIN, Morayshire IV30 3SJ
Tel: +44-1542-783400
Fax: +44-1542-783404

Longrow
CAMPBELTOWN, Argyll
PA28 6ET
Tel: +44-1586-552085
Fax: +44-1586-553215

The Macallan
Craigellachie, ABERLOUR,
Banffshire AB38 9RX
Tel: +44-1340-871471
Fax: +44-1340-871212

Mortlach
Dufftown, KEITH, Banffshire
AB55 4AQ
Tel: +44-1340-820318
Fax: +44-1340-820018

Oban
Stafford Street, OBAN, Argyll
PA34 5NH
Tel: +44-1631-562110
Fax: +44-1631-563344

Old Fettercairn
Distillery Road,
LAURENCEKIRK,
Kincardineshire AB30 1YE
Tel: +44-161-340244
Fax: +44-1561-340447

Old Pulteney
Huddart Street, WICK,
Caithness KW1 5BA
Tel: +44-19555-602371
Fax: +44-1955-602279

Port Ellen
PORT ELLEN, Islay, Argyll
PA42 7AJ

Rosebank
Camelon, FALKIRK,
Stirlingshire FK1 5BW
Tel: +44-1324-623325

Royal Brackla
Cawdor, NAIRN, Nairnshire
IV12 5QY
Tel: +44-1667-404280
Fax: +44-1667-404743

Royal Lochnagar
Crathie, BALLATER,
Aberdeenshire AB35 5TB
Tel: +44-1339-742273
Fax: +44-1339-742312

Scapa
KIRKWALL, Orkney KW15
1SE
Tel: +44-1856-872071
Fax: +44-1856-876585

The Singleton of Auchroisk
MULBEN, Banffshire
AB55 3XS
Tel: +44-1542-860333
Fax: +44-1542-860265

Strathisla
KEITH, Banffshire AB55 3BS
Tel: +44-1542-783049
Fax: +44-1542-783055

Talisker
CARBOST, Skye IV47 8SR
Tel: +44-1478-640203
Fax: +44-1478-640401

Tamdhu
Knockando, ABERLOUR,
Morayshire AB38 7RP
Tel: +44-1340-810221
Fax: +44-1340-810255

Tamnavulin-Glenlivet
BALLINDALLOCH,
Banffshire AB37 9JA
Tel: +44-1807-590285

Tobermory
TOBERMORY, Mull, Argyll
PA75 6NR
Tel: +44-1688-302645
Fax: +44-1688-302643

Tomatin
TOMATIN, Inverness-shire
IV13 7YT
Tel: +44-1808-511444
Fax: +44-1808-511373

Tomintoul-Glenlivet
BALLINDALLOCH,
Banffshire, AB37 9AQ
Tel: +44-1807-590274
Fax: +44-1807-590342

Tullibardine
Blackford,
AUCHTERARDER,
Perthshire PH4 1QG
Tel: +44-1764-682252

YEARS 12 OLD
DISTILLERY CRAGGANMORE BALLINDALLOCH
AGED 12 YEARS
Scotch Whisky
SOLE DISTRIBUTOR IN USA
SCHIEFFELIN & SOMERSET CO.
NEW YORK, N.Y.
PRODUCT OF SCOTLAND
40% alc/vol
10
1824
750ml